本書係「敦煌文獻系統性保護整理出版工程」項目成果

二〇二一—二〇三五年國家古籍工作規劃重點出版項目

「十四五」國家重點出版物出版規劃項目

國家古籍整理出版專項經費資助項目

中國國家圖書館藏敦煌文獻

中國國家圖書館 編

第七七册

BD01139～BD01151

國家圖書館出版社

DUNHUANG MANUSCRIPTS IN THE NATIONAL LIBRARY OF CHINA

077

BD01139 ~ BD01151

compiled by the

National Library of China

National Library of China Publishing House

凡例

一　本書刊布中國國家圖書館藏敦煌文獻，以館藏編號爲序編排。

二　館藏編號采用「BD+流水號」格式，如BD00001, BD16579等。背面在編號後加v表示。一個編號包含多件文獻者，編號後分别綴以字母A, B, C等。一件文獻含有多個内容者，以數字-1, -2, -3等標明順序。

三　圖版有縮印或放大處另加説明，尺寸超出本書幅面的以摺葉形式呈現。

四　卷軸裝、梵夾裝、經摺裝等裝幀形制的敦煌文獻，各附外觀圖像。

五　每件文獻依次呈現外觀、正面、背面等。背面僅刊布有文字、圖像或其他要素的圖版，而略去素紙部分，背面圖版同樣以從右到左順序編排。凡有外題者，遵從以上原則。

六　除個别特殊情況外，爲保證閲讀連貫、流暢，圖版儘量通欄呈現。

七　各葉上方附該件文獻全圖，以高亮形式顯示本葉大圖在全卷中的位置。部分長卷文獻全圖衹能分多段呈現時，在上段末以❮符標示下段接續。卷尾内容不足一葉時，文獻全圖使用該圖卷尾部分，亦以❮符標示。背面圖版文字與正面文字方向相反時，文獻全圖按原貌顯示，正文翻轉呈現，以便閲讀研究，用⟲符標示。

八　文獻題名大體沿用中國國家圖書館此前所編多部敦煌文獻目録的考證，部分吸收學界最新研究成果略作調整和完善。文獻題名綜合參考原卷首題、尾題、外題確定，如原卷題名與該文獻正式名稱不同，則采用正式名稱；無題名者，或比定題名，或擬定新名。非漢文文獻在題名前標注語種。有分卷不同等其他情況者，括注於文獻名稱後。

九　本書著録使用通行繁體字，涉及原文中的人名、地名等，必要時保留原字形。

About this publication

1. The documents are presented in shelfmark order.
2. The shelfmarks are in the form BD plus a running number, eg. BD00001, BD16579, &c. If a given shelfmark contains multiple documents, these are distinguished by the letters A, B, C, &c. If a document has multiple contents, they are distinguished by the numbering 1, 2, 3, &c. The verso side of an item is indicated by the letter v.
3. If it has been necessary to reduce or enlarge the size of an illustration, the dimensions are indicated. If the size of an illustration exceeds the size of the book, a folding sheet is used.
4. If the document is a scroll, a folded sutra, or has a stitched binding, a picture of the whole object is provided to show its external appearance.
5. The cover, front, and back of each document are reproduced in sequence. The back of a document is only reproduced if it contains text, illustrations, or other markings, and it is oriented from right to left. If it is blank it is not reproduced.
6. Except in a few special cases, the lines of text are reproduced unbroken to make them coherent and easier to read.
7. An illustration of the complete document is reproduced at the top of each page, and the section where the main illustration appears is highlighted in order to indicate its position. If it has only been possible to reproduce a long scroll in sections, the direction symbol has been used to indicate where one illustration ends and the next one begins. If the end of the scroll occupies less than one page, the direction symbol is used to indicate its position in the illustration of the complete document. If the text on the back of the document has a different orientation from the text on the front, it is reproduced as it is, but is also rotated (indicated with the rotation symbol) so that it can be read easily.
8. The titles of the documents generally conform with those already established by the Library, but in some cases have been amended by drawing on the most recent scholarly research. The titles are derived firstly from the beginning of the text, then from the end of the text, and lastly from the cover. If the title of a document differs from its authoritative form, the authoritative form is used; and if a document has no title, one is either supplied by comparison with similar documents, or a new one is devised. If the document is not in Chinese, its language is indicated before the title. If the number of juan is different from that of the authoritative version, or if there are other irregularities, this is noted.
9. The documents in the book are in traditional Chinese characters. Where the title contains personal or place names, the original characters used for these names are retained.

(Translated by David Helliwell)

第七七册目録

BD01139 小鈔

239.5cm × 26.8cm

四衣法　一糞掃衣　二告
衣有十種　一牛嚼衣　二鼠咬之衣
六神廟衣　若鳥銜風吹離處者是
產衣　十往還衣　僧物隨事立名凡有
寺舍園田僕使畜等體通十方不可分用言常住者常
僧來即於此處受用　從處名故稱常住　常住
二十方常住僧物　如僧家輕物及衆僧受用食飲等物體
下至沙彌盡皆有分无有和合不得
僧人及和
三者現前現前物者　謂亡僧五衆物作羯
聲斷有人守護名
前大衆物法事
四者十方現前　如亡僧五衆衣物未羯磨前屬十方現
前僧若盜此物從十方僧結罪也　物
五者招提僧物
謂檀越施園田與現前僧僧自造私房四方僧來无安置處俗人見已就此房邊更
施田園建立僧房與四方僧供給所須由此房能招引四方僧故言招提僧物
先造四已房及園田放四方僧
亦名招提僧物也
六者僧賜物　謂僧園中有花或賣或已花賜出賣
得物從賜得物故名僧賜物也
妄語有四種　一波羅夷妄語　二僧殘妄語　三波逸提妄語
四阿毗羅妄語
口有四義
一常作法語　二常作正真實語　三常作和合語
四常作悅意等要語
㮽有
四分義者云何　答四者數也　分者限也　世尊在世
……五分十誦

即四分是常數釋也　今依律本戶於至僧戒末名石

從尼戒終至揵度訖二揵度爲第二分　從安居揵度至房舍揵度

已前名第三分　從房舍揵度至律本終名爲第四分

持戒得十利　一者攝取於僧　二令僧歡喜　三令僧安樂　四者未信者令信　五已信者令增長　六難調者令調　七慚愧者安樂　八斷現在有漏　九斷未來有漏　十令正法得久住

十二頭陁法　此云斗藪大小不同小分人斗藪四事也大分斗藪其心也頭名少欲陁名知足斗藪煩惱離於住著故曰頭陁也

一持糞掃衣　二持三衣　三持隨衣　四常乞食　五一揣食　六一坐食

七不作餘食法　八樹下坐　九塚間坐　十露地坐　十一隨處坐

十二常坐不卧　此十二者持衣有三　食法有四　處所有五

行人於衣食處所心无染著　積緣進道　更不思須檀越施

物　凡有八種　一施比丘僧物　唯屬此比丘現前人分　二施比丘尼物　現前比丘尼數人分

三施四方僧得施物來者皆得作羯磨分　亦不得与尼同作

羯磨　若施招提僧不須作法　四施二部僧物莫問人數多少分作二分一分僧取一分付尼各持　五者界內僧得施物唯屬住

處僧入界皆得但取施主爲定　六者同羯磨僧得施物唯

屬一處同作法者分之　七施稱名字僧得施物若言施禪

屬一衆同作法者尒〻　七施稱名字僧得施物若言施禅
師律師法師呪願師老病僧等不問親踈八衆中一僧得施物
從上座行〻随取者与随檀越所有捨施依此八法尒〻若无
定尒上座應問於何等施若不依此八法者則不得施僧〻
福若不依此法而受者則輕損信施違犯衆條應差五德尒
〻好惡相參令不見者擲擣餘人不得乱語利養難消育
偪不在此莫生嫌恨改人至行也出家之人不得迴施入已若欲
迴者其罪甚重應如法施如法受如法求如法与如法用如法住
問律儀有幾種　荅四種一静慮律儀是色界尸羅二无漏律
儀爲无漏身中所尸羅三斷律儀爲斷煩惱名斷律儀四別
斷脱解律儀爲欲界尸羅爲別〻防非名別解脱律儀　問律
以何爲宗以何爲體　荅以戒爲宗諸説不同依東塔疏以戒爲
宗　律以何爲體者若合是語業爲體任意取捨色十一中以法

四乞求比丘　五著割截比丘　六破結使比丘　七善來比丘　八羯磨
比丘　問何名苾蒭　荅有五義（是草有五德也）　一者體性柔耎　二者香氣
上騰　三滋潤餘草　四旁補餘蔓　五冬夏不凋　客舊相
遇法　昔大师在日親爲教主客苾蒭至自唱善來又復西方
寺衆多爲制法凡見親來無論客舊及弟子門人舊人
即須迎前唱莎揭多譯曰善來客乃尋聲即云窣莎揭
多譯曰極善來如不說者一違寺制二准律有犯無問大小悉
皆如此即爲收取瓶鉢掛在壁牙隨處安坐令其憩息
幼向屏處尊乃旁前畢則敬上而熟搦其踹後乃遍身尊
乃撫下而頻按背下至髆足齊手乙頻無問上下然既觧
疲勞澡手濯足次就尊所申其礼敬但爲一礼跪而按足
尊乃展其右手撫其肩背若刹非經久手撫不爲师乃問其
安不弟子隨事見答然後退坐一邊恭敬而坐會無之法然

妄不弟子隨事見若然後退坐一邊恭敬而坐實無立法然
西方軌用多坐小枯復露足華夏既無斯事執足之禮不
行經說而人来至佛所頂礼雙足退坐一面即其儀矣然後
精其時候茶給湯飲如兼濁滓此定不開杏湯之流
體是稠濁准依道理全無飲限律云免漿淨濾色如黄
荻此謂西國師弟門徒客舊相遇逢迎之礼豈有冒寒
創至觸熱新来或遍體汗流或手足皆凍放却衣襆急事
和南若情狀悤忙滌乖軌式师乃立之閑問餘事誠哉太
急將爲俗隆言和南者梵語畔睇或云畔憚南譯爲敬礼
但爲採語不真喚和南矣不能移舊語且道和南的取正
音應云畔睇又道行衆礼拜非儀合掌低頭口云畔睇故經
云或復但合掌乃至小低頭即是致敬也南人不審依希合
度向使改不審爲畔睇斯乃全同律教矣
[illegible]一名乞士二日怖魔三破

問捨戒有幾種作俱生諸有五種 二形捨 四作法捨 五一夜捨

問羯磨是何義 羯磨者是梵語此云辦事能辦前事故名辦事也 羯磨所作事有

幾種 答惣攝束為三種 一情過事名受戒等 二非情事為結界等 三情非情事為等也

問戒律毗尼波羅提木叉有何差別 律者法也非法无以宿戒儀故名為律毗尼者名調

伏波羅提木叉者名別解脫戒者為是處正義亦一切諸惡不善故名為戒也 問略說戒有幾

種緩急如何 答有三種 一羯磨說戒 二對首說戒 三心念說戒 略說有十五種七種從後向急有七略從急向後有十五種略

問安居是何義 答九旬脩道標心此住故

曰安居有三義故 一无事遊行妨於道業 二損傷物命違慈實深 三所為既非故招世謗

問自恣有幾種 答三種 一時自恣 二增益自恣 三滅諍自恣 問自恣是何義

答九旬於道精練身心人多迷己不自見過內彰思隱外顯有瑕玼身口說於他人故曰自恣 問世部小乘此律

何部所攝 答法密部所攝 大衆一說說出世雞胤多聞說假制多西山北山上座轉名雪山一切有犢子法上賢胄正量密林山化地法藏飲光經量也 問戒律所防三業三業之中何不防

意業 答所戒防不同別解脫戒以是色法但防身口故心者仍是命論大乘戒也又聲聞力劣不防意但防身口故也

問十三同篇何故九初作便犯四戒三諫方犯 答謂犯戒緣不

問十三同篇何故九初作便犯四戒三諫方犯答謂犯戒緣不同有倚傍者須傍設諫故後四戒倚傍相似故須僧諫前九戒无倚傍故初作即犯故不諫也　問汙家犯何
罪　答爲違僧諫得殘罪直作未諫結罪不同自摘花等得提
罪汙家惡行等得吉罪　問汙家戒緣何事犯所詮言傍僧有
愛有恚等違僧故犯殘　問惡性所諫事云何　爲言読相似
不了是非言似是我家法是我家諸大德莫諫我廣造諸罪須
僧諫也　問卅九十既是同篇何以分爲二門　答卅因財過起貪心
續生故捨物方懺故爲一門　九十作即直懺更不別捨財物故
分二門　問卅捨墮具幾義名捨　答具三義故一捨財二捨相
續貪心　三捨罪歸至无過具此三義故入捨墮　問七滅諍何
篇所攝　答七滅諍是第五篇吉罪所攝此七藥各具幾滅
前四諍　言諍用二藥殄一現前二多人語覓諍用三藥憶念
不癡罪處所　犯諍用二藥自言持草覆地事諍通用七藥
[illegible]

七滅諍有幾殄諍幾不殄諍　荅自言草覆地亦滅諍滅罪憶
念不癡等但滅諍不滅罪　問四諍之相云何　荅言諍之十八法
道理是非紛紜來往故云言諍覓諍者覓彼前人所犯之罪兩
情不知故也　犯諍者如如拌他人犯罪前人擬地一云擬或云不擬或
犯提或犯吉兩情紛覓故也事諍者惣前三諍中所有羯磨
非如兩人共諍是相也　問何以四篇結數衆學何以不結　荅戒數
繁細文中略故指在下明但言應當學　問五篇七聚差別如何　荅果
入五篇在義通因
果者入聚也
問蘭罪如何不入篇攝　荅蘭罪即將義通因
果故不入篇也
問五篇七
聚如何寬狹　荅七聚通因果故寬六七二聚名為身口故狹
五篇唯果无因故狹第六通含身口故寬　問夏有四月何故
結三月　荅有二義故一開人不遠之流故留一月前通不及前安居人明稠量得所二為償前
安居勞一月後一月償前安居者受五利也
問比丘授具已持幾種衣　荅有二種一三衣
二熏粗衣　問何名十利　荅攝取於僧二令僧
歡喜三令僧安樂四
未信令信五已信者令增長六難調伏者令調七慚愧者
安樂八斷現在有漏九斷未來有漏十令正法得久住
問何名五德　一知時不以時非二
增益不以損減三慈
心不以嗔恚四柔耎不以麤
獷五真實不以虛綵
問離三衣与餘衣宿罪有何差別
荅離三衣得提餘
衣得吉三衣是出家
道服標識天人歸仰故離衣得提餘

安樂八斷現在有漏九斷未來有漏十令正法久住
心不以嗔恚四豪貴不以廉 問雜三衣与餘衣宿罪有何差別 荅雜三衣得提條
擴五真實不以垂探……衣得吉三衣是出家
道眼標識天人歸仰故雜衣得提條
衣非正道眼雜則得吉 問比丘何故制畜三衣尼五衣其意如何 荅所制三
衣者智度論云用以蓋形不多不少但受三衣不同白衣爲貪求故多畜種種衣不同外道裸
形无恥故是以仏弟子捨於二邊處中道畜三衣尼制畜五衣爲有胵乳故如祇枝覆肩衣也
問八不淨物者云何 一田宅二種植耕三貯畜穀米上塩求利四奴婢人民五畜養群畜六
貯畜金銀寶物七象牙金銀飾鏤大床八一切鐵銅等七八種織
汙云不淨也 問丘比与尼戒何故多少不同 荅論其制戒約境遍非丈夫煩惱輕疲欲
漏薄少尼翻上是以爲多沙沙彌彌尼十戒
同何也但是加行方便未滿
位不同俱制也 問菱戒有幾種境 荅有二種 謂情非情別
上至非想下至阿鼻也非一切草木等掘地壞生類也但云衆生无邊
戒亦无邊草木大地无邊戒亦无邊也 問治人羯磨有幾種 荅有
七一訶責依止遮不至白衣家不見不懺惡耶不捨 問何名持
犯 荅曰有二義故持有二種一止持二作持犯有二止持者順教
不作名曰止持順教而作名曰作持教令修善不作故名止犯違
教而作名爲作犯 問二不定有幾種 荅若約處有二謂屏
及露若約法中即有四種謂犯不定舉罪不定自言不定治罪

綱三相生十利功德准多論也　問何謂毗尼五　答一序謂制戒由
序　二制比丘戒本　三重制比丘尼戒本　四隨修多羅謂諸犍度五
隨順修多羅增一毗尼等　問諸比丘結戒　不委具義緣成結
制若具八緣（一大比丘　二漏過起　三舉已白仏　四仏在世　五舉舉
衆　六對衆檢問　七犯者自言　八犯罪家初具此八緣方成
結戒

略抄本一卷

寅年七月十五日於東山寫訖
比丘尼勝藏受持

寅年七月十五日於東山寫訖
苾芻勝藏受持

BD01140 四分比丘尼戒本

（後秦）佛陀耶舍 譯

（唐）懷素 集

35cm×26.6cm

是比丘尼當諫彼比丘尼言大姊汝等莫相親近作惡
行惡聲流布共相覆罪汝等若不相親近於佛法中得
增益安樂住是比丘尼諫彼比丘尼時堅持不捨是
比丘尼應三諫捨此事故乃至三諫捨者善不捨者比丘
尼犯三諫法應捨僧伽婆尸沙
若比丘尼僧為作訶諫時餘比丘尼教作如是言汝等莫
別住當共住我亦見餘比丘尼不別住共作惡行惡聲流
布共相覆罪僧以恚故教汝別住是比丘尼應諫彼比
尼言大姊汝莫教餘比丘尼言汝等莫別住我亦見

餘比丘尼別住共作惡行惡聲流布共相覆罪僧以恚
故教汝別住今正有此二比丘尼共住作惡行惡聲流布共
相覆罪更无餘若此比丘尼別住於佛法中有增益安樂
住是比丘尼諫彼比丘尼時堅持不捨是比丘尼應三諫令
捨此事故乃至三諫捨者善不捨者是比丘尼犯三法應
捨僧伽婆尸沙
若比丘尼趣以一小事瞋恚不喜便作是語我捨佛捨法捨
僧不獨有此沙門釋子亦更有餘沙門婆羅門脩梵行

BD01141 無量壽宗要經（甲本）

142.5cm × 31cm

……耶十四波唎婆唎……
……曰　南謨薄伽勃……
……六怛姪他唵七　薩婆桑悉迦羅……
波唎輸底九達摩底十伽伽娜……摩訶娜耶十四波唎婆唎莎訶十五
尒時復有七殑佛一時同聲說是无量壽宗要經陀羅尼　南謨薄伽勃底一阿波唎蜜
哆二阿喻紇硯娜三須毗你悉指陀四囉佐耶五怛他羯他耶六怛姪他唵七薩婆桑悉迦羅八波唎輸底九
達摩底十伽伽娜十一莎訶娑持伽底十二莎訶娑毗輸底十三摩訶娜耶十四波唎婆羅莎訶十五
尒時復有六十五殑佛一時同聲說是无量壽宗要經陀羅尼曰　南謨薄伽勃底一
阿波唎蜜哆二阿喻紇硯娜三須毗你悉指陀四囉佐耶五怛他羯他耶六怛姪他唵七薩婆桑悉迦羅八波唎
輸底九達摩底十伽伽娜十一莎訶娑持迦底　娑婆毗輸底十三摩訶娜耶十四波唎婆羅莎訶十五
尒時復有五十五殑佛一時同聲說是无量壽宗要經陀羅尼曰　南謨薄伽勃底
阿波唎蜜哆二阿喻紇硯娜三須毗你悉指陀四囉佐耶五怛他羯他耶六怛姪他唵七薩婆桑悉迦羅八波唎輸底
底九達摩底十伽伽娜十一莎訶娑持伽底十二莎婆婆毗輸底十三摩訶娜耶十四波唎婆羅莎訶十五
尒時復有四十五殑佛一時同聲說是无量壽宗要經陀羅尼曰　南謨薄伽勃底一
波唎蜜哆二阿喻紇硯娜三須毗你悉指陀四囉佐耶五怛他羯他耶六怛姪他唵七薩婆桑悉迦羅八波
唎輸底九達摩底十伽伽娜十一莎訶娑持伽底十二莎婆婆毗輸底十三摩訶娜耶十四波唎婆羅莎訶十五

波唎輸底十三 摩訶娜耶十四 波唎婆囉莎訶十五
尒時復有二十五姟佛一時同聲說是无量壽宗要經陁羅尼曰 南謨薄伽勃
底一 阿波唎蜜哆二 阿喻紇硯娜三 須毗你悉指陁四 囉佐耶五 怛他羯他耶六 怛姪他唵七 薩婆桑塞迦
囉八 波唎輸底九 達磨底十 伽迦娜十一 莎訶其持伽底十二 薩婆婆毗輸底十三 摩訶娜耶十四 波唎婆囉
莎訶十五 尒時復有恒河沙姟佛一時同聲說是无量壽宗要經陁羅尼曰
南謨薄伽勃底一 阿波唎蜜哆二 阿喻紇硯娜三 須毗你悉指陁四 囉佐耶五 怛他羯他耶六 怛姪他唵七
薩婆桑塞迦囉八 波唎輸底九 達磨底十 伽迦娜十一 莎訶其持伽底十二 薩婆婆毗輸底十三 摩訶娜
耶十四 波唎婆囉莎訶十五 善男子若有自書寫教人書寫是无量壽宗要經
如其命盡復得長壽而滿年陁羅尼曰 南謨薄伽勃底一 阿波唎蜜哆二 阿喻紇硯
娜三 須毗你悉指陁四 囉佐耶五 怛他羯他耶六 怛姪他唵七 薩婆桑塞迦囉八 波唎輸底九 達磨底十 伽
伽娜十一 莎訶其持伽底十二 薩婆婆毗輸底十三 摩訶娜耶十四 波唎婆囉莎訶十五
若有自書寫教人書寫是无量壽宗要經讀誦受持畢竟不墮地獄在在所生淨宿
命智陁羅尼曰 南謨薄伽勃底一 阿波唎蜜哆二 阿喻紇硯娜三 須毗你悉指陁四 囉佐
耶五 怛他羯他耶六 怛姪他唵七 薩婆桑塞迦囉八 波唎輸底九 達磨底十 伽迦娜十一 莎訶其持伽底十二
薩婆婆毗輸底十三 波唎婆囉莎訶十五
經受持讀誦如同書寫八万四千一切經典陁羅尼曰 若有自書教人書寫是无量壽宗要

BD01141　無量壽宗要經（甲本）

若有自書教人書寫是无量壽宗要

经受持讀誦如同書寫八万四千一切经典陁羅尼曰

南謨薄伽勃底一阿波唎蜜哆二阿喻䏉纥硯娜三須毗你志禰陁四羅佐耶五怛他羯他耶六怛姪他唵七薩婆桑

悉伽羅八波唎輸底九達摩底十伽迦娜十一莎訶其持伽底十二莎婆娑毗輸底十三摩訶娜耶十四波唎婆囉

莎訶十五 若有自書寫教人書寫是无量壽宗要经即是書寫八万四千部建立塔廟

陁羅尼曰 南謨薄伽勃底一阿波唎蜜哆二阿喻䏉纥硯娜三須毗你志指陁四囉佐耶五怛他羯

他耶六怛姪他唵七薩婆桑悉迦羅八波唎輸底九達摩底十伽迦娜十一莎訶其持迦底十二莎婆娑毗輸

底十三摩訶娜耶十四波唎婆囉莎婆十五 若有自書寫是无量壽宗要经能消五无間

等一切重罪陁羅尼曰 南謨薄伽勃底一阿波唎蜜哆二阿喻䏉纥硯娜三須毗你志指陁四囉佐

耶五怛他羯他耶六怛姪他唵七薩婆桑悉伽羅八波唎輸底九達摩底十伽迦娜十一莎訶其持迦底十二莎

婆娑毗輸底十三摩訶娜耶十四波唎婆囉莎訶十五 若有自書寫教人書寫是无量

壽宗要经受持讀誦設有重罪猶如須弥盡能除滅陁羅尼曰 南謨薄伽勃底

阿波唎蜜哆二阿喻䏉纥硯娜三須毗你志指陁四羅佐耶五怛他羯他耶六怛姪他唵七薩婆桑悉伽羅八波唎

輸底九達摩底十伽迦娜十一莎訶其持伽底十二莎婆娑毗輸底十三摩訶娜耶十四波唎婆囉莎訶十五

若有自書寫教人書寫是无量壽宗要经受持讀誦若魔魔之眷屬夜叉羅刹不得其

便終无枉死陁羅尼曰 南謨薄伽勃底一阿波唎蜜哆二阿喻䏉纥硯娜三須毗你志

若有自書教人書寫是无量壽宗要經受持讀誦當命終時有九十九姟佛現其
人前來千佛授手能遊一切佛剎莫於此經生於疑惑陀羅尼曰　南謨薄伽勃底一
阿波唎蜜多二阿喻紇硯娜三須毗你失指陀四囉佐耶五怛他羯他耶六怛姪他唵七薩婆桑悉伽囉八
波唎輸底九達摩底十伽迦娜十一莎訶其特伽底十二莎婆婆毗輸底十三摩訶娜耶十四波唎婆羅莎訶十五
若有自書寫教人書寫是无量壽宗要經受持讀誦常德四天大王隨其衛護陀羅
尼曰　南謨薄伽勃底一阿波唎蜜多二阿喻紇硯娜三須毗你失指陀四囉佐耶五怛他羯他耶六怛姪
他唵七薩婆桑悉迦囉八波唎輸底九達摩底十伽迦娜十一莎訶其特伽底十二莎婆婆毗輸底十三
摩訶娜耶十四波唎婆羅莎訶十五　若有自書教人書寫是无量壽宗要經受持
讀誦當得往生西方極樂世界阿弥陀淨土陀羅尼曰　南謨薄伽勃底一阿波唎蜜
多二阿喻紇硯娜三須毗你失指陀四囉佐耶五怛他羯他耶六怛姪他唵七薩婆桑悉伽囉八波唎輸
底九達摩底十伽迦娜十一莎訶其特伽底十二莎婆婆毗輸底十三摩訶娜耶十四波唎婆羅莎訶十五
若有方所自書寫使人書寫是无量壽經典之處則為是塔皆應恭敬作禮若是
畜生或為鳥獸得聞是經如是等類皆當不久得成一切種智陀羅尼曰
南謨薄伽勃底一阿波唎蜜多二阿喻紇硯娜三須毗你失指陀四囉佐耶五怛他羯他耶六怛姪他唵七
薩婆桑悉伽囉八波唎輸底九達摩底十伽迦娜十一莎訶其特伽底十二莎婆婆毗輸底十三摩訶
娜耶十四波唎婆羅莎訶十五　若有於是无量壽宗要經自書寫使人書畢竟不受

薩婆桑悉伽羅八波唎輸底九達磨底十伽迦娜十一莎訶其持伽底十二莎婆婆毗輸底十三摩訶
娜耶十四波唎婆嚩莎訶十五　若有於是无量壽宗要經自書寫使人書畢竟不受
女人之身陁羅尼曰　南謨薄伽勃底一阿波唎蜜哆二阿喻紇硯娜三須毗你悉搐
羅佐耶五怛他羯他耶六怛姪他唵七薩婆桑悉伽羅八波唎輸底九達磨底十伽迦娜十一莎訶
其持伽底十二莎婆婆毗輸底十三摩訶娜耶十四波唎嚩婆莎訶十五
若有能於是經少分能惠施者等於三千大千世界滿中七寶布施陁羅尼曰
南謨薄伽勃底一阿波唎蜜哆二阿喻紇硯娜三須毗你悉指陁四羅佐耶五怛他羯他耶六怛姪他唵七
薩婆桑悉伽羅八波唎輸底九達磨底十伽迦娜十一莎婆婆毗輸底十三摩訶娜耶十四波唎婆嚩莎訶十五
若有供養是經者則是供養一切諸經等无有異陁羅尼曰　南謨薄伽勃底一阿
波唎蜜哆二阿喻紇硯娜三須毗你悉指陁四羅佐耶五怛他羯他耶六怛姪他唵七薩婆桑悉伽羅
波唎輸底九達磨底十伽迦娜十一莎訶其持伽底十二莎婆婆毗輸底十三摩訶娜耶十四波唎婆嚩莎
訶十五　如是毗婆尸佛尸棄佛毗舍浮佛拘留孫佛俱那含牟尼佛迦葉佛釋迦牟尼佛若有
人以七寶供養如是七佛其福有限書寫是无量壽經典所有功德不可限量陁羅尼曰
南謨薄伽勃底一阿波唎蜜哆三阿喻紇硯娜三須毗你悉指陁四羅佐耶五怛他羯他耶六怛姪他
唵七薩婆桑悉伽羅八波唎輸底九達磨底十伽迦娜十一莎訶其持伽底十二莎婆婆毗輸底十三摩
訶娜耶十四波唎婆嚩莎訶十五　若有七寶等於須弥以用布施其福上能知其

伽迦娜十一莎訶耶持伽底十二莎婆娑毗輸底十三摩訶娜耶十四波唎婆羅莎訶十五
如是四大海水可知滴數是无量壽經典所生果報不可數量陀羅尼曰
南謨薄伽勃底一阿波唎蜜哆二阿喻紇硯娜三須毗你悉指陀四囉佐耶五怛他羯他耶六怛姪他唵七薩
婆桑悉伽羅八波唎輸底九達摩底十伽迦娜十一莎訶耶持伽底十二莎婆娑毗輸底十三摩訶娜耶十四
波唎婆羅莎訶十五　若有人自書使人書寫是无量壽經典又能護持供養即如恭敬供
養一切十方佛土如来无有別異陀羅尼曰　南謨薄伽勃底一阿波唎蜜哆二阿喻紇硯
娜三須毗你悉指陀四羅佐耶五怛他羯他耶六怛姪他唵七薩婆桑悉伽羅八波唎輸底九達摩底十伽迦
娜十一莎訶耶持伽底十二莎婆娑毗輸底十三摩訶娜耶十四波唎婆羅莎訶十五
布施力能成正覺　悟布施力人師子　布施力能聲普聞　慈悲階漸最能入
持戒力能成正覺　悟持戒力人師子　持戒力能聲普聞　慈悲階漸最能入
忍辱力能成正覺　悟忍辱力人師子　忍辱力能聲普聞　慈悲階漸最能入
精進力能成正覺　悟精進力人師子　精進力能聲普聞　慈悲階漸最能入
禪定力能成正覺　悟禪定力人師子　禪定力能聲普聞　慈悲階漸最能入
智慧力能成正覺　悟智慧力人師子　智慧力能聲普聞　慈悲階漸最能入
尒時如来說是經已一切世間天人阿脩羅揵闥婆等聞佛所說皆大歡喜信受奉行

BD01141　無量壽宗要經（甲本）

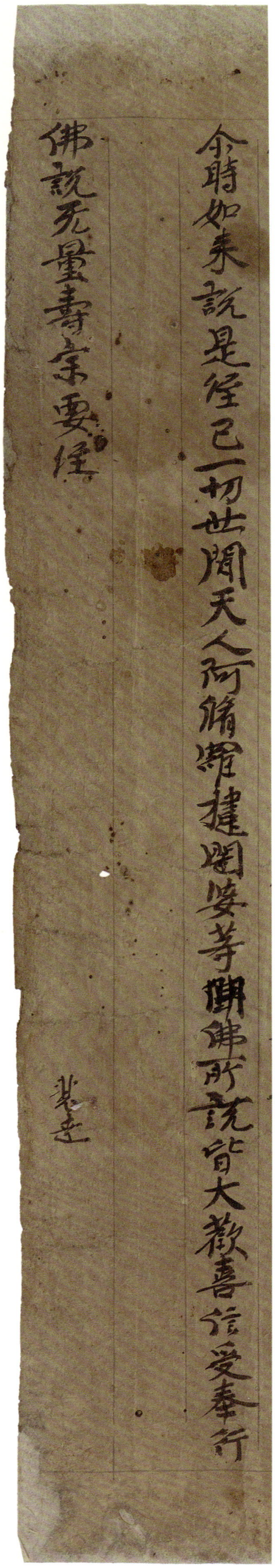

尒時如來說是經已一切世間天人阿脩羅揵闥婆等聞佛所說皆大歡喜信受奉行

佛說无量壽宗要經

裴延

BD01142

大般若波羅蜜多經卷二〇九

（唐）玄奘 譯

705.8cm × 25.5cm

淨法界乃至意觸為緣所生諸
切智智清淨何以故若內外空清
乃至意觸為緣所生諸受清淨
意觸為
法界
智智
清淨無二無二分無別無斷故善現內外空
清淨故地界清淨地界清淨故一切智智清
淨何以故若內外空清淨若地界清淨若一
切智智清淨無二無二分無別無斷故內外
空清淨故水火風空識界清淨水火風空識
界清淨故一切智智清淨何以故若內外空
清淨若水火風空識界清淨若一切智智清
淨無二無二分無別無斷故善現內外空清
淨故無明清淨無明清淨故一切智智清淨
何以故若內外空清淨若無明清淨若一切
智清淨無二

愁歎苦憂惱清淨行乃至老死愁歎苦憂
惱清淨故一切智智清淨何以故若內外空
淨若行乃至老死愁歎苦憂惱清淨若一切
智智清淨無二無二分無別無斷故
善現內外空清淨故布施波羅蜜多清淨布
施波羅蜜多清淨故一切智智清淨何以故
若內外空清淨若布施波羅蜜多清淨若一
切智智清淨無二無二分無別無斷故內外
空清淨故淨戒安忍精進靜慮般若波羅蜜
多清淨淨戒乃至般若波羅蜜多清淨故一
切智智清淨何以故若內外空清淨若淨戒
乃至般若波羅蜜多清淨若一切智智清淨
无二无二分无別无斷故善現內外空清淨
故內空清淨內空清淨故一切智智清淨何
以故若內外空清淨若內空清淨若一切智

无二无二分无别无断故善現内外空清

故内空清淨内空清淨故一切智智清淨何

以故若内外空清淨若内空清淨若一切智

智清淨无二无二分无别无断故内外空清

淨故外空空空大空勝義空有為空无為空

畢竟空无際空散空无變異空本性空自相

空共相空一切法空不可得空无性空自性

空无性自性空清淨外空乃至无性自性空

清淨故一切智智清淨何以故若内外空清

淨若外空乃至無性自性空清淨若一切智

智清淨無二無二分無别無斷故善現内外

空清淨故真如清淨真如清淨故一切智智

清淨何以故若内外空清淨若真如清淨若

一切智智清淨無二無二分無别無斷故内

外空清淨故法界法性不虚妄性不變異

智智清淨何以故若内外空清淨若法界乃
至不思議界清淨若一切智智清淨無二無
二分無别無斷故善現内外空清淨故苦聖
諦清淨苦聖諦清淨故一切智智清淨何以
故若内外空清淨若苦聖諦清淨若一切智
智清淨無二無二分無别無斷故内外空清
淨故集滅道聖諦清淨集滅道聖諦清淨故
一切智智清淨何以故若内外空清淨若集
滅道聖諦清淨若一切智智清淨無二無二
分無别無斷故善現内外空清淨故四静慮
清淨四静慮清淨故一切智智清淨何以故
若内外空清淨若四静慮清淨若一切智智
清淨無二無二分無别無斷故内外空清淨
故四無量四無色定清淨四無量四無色定
清淨故一切智智清淨何以故若内外空清

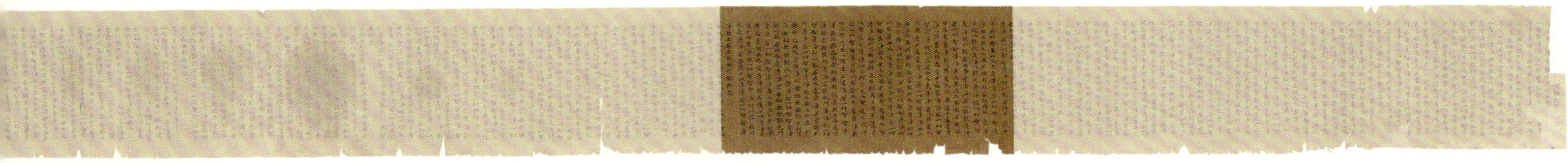

故四無量四無色定清淨四無量四無色定清
淨故一切智智清淨何以故若内外空清
淨若四無量四無色定清淨若一切智智清
淨無二無二分無別無斷故善現内外空清
淨故八解脱清淨八解脱清淨故一切智智
清淨何以故若内外空清淨若八解脱清淨
若一切智智清淨無二無二分無別無斷故
内外空清淨故八勝處九次第定十遍處清
淨八勝處九次第定十遍處清淨故一切智
智清淨何以故若内外空清淨若八勝處九
次第定十遍處清淨若一切智智清淨無二
無二分無別無斷故善現内外空清淨故四
念住清淨四念住清淨故一切智智清淨何
以故若内外空清淨若四念住清淨若一切
智智清淨無二無二分無別無斷故内外空
清淨故四正斷四神足五根五力七等覺支

故一切智智清淨何以故若內外空清淨若
四正斷乃至八聖道支清淨若一切智智清
淨無二無二分無別無斷故善現內外空清
淨故空解脫門清淨空解脫門清淨故一切
智智清淨何以故若內外空清淨若空解脫
門清淨若一切智智清淨無二無二分無別
無斷故內外空清淨故無相無願解脫門清
淨無相無願解脫門清淨故一切智智清淨
何以故若內外空清淨若無相無願解脫門
清淨若一切智智清淨無二無二分無別無
斷故善現內外空清淨故菩薩十地清淨菩
薩十地清淨故一切智智清淨何以故若內
外空清淨若菩薩十地清淨若一切智智清
淨無二無二分無別無斷故

淨無二無二分無別無斷故
善現内外空清淨故五眼清淨五眼清淨故
一切智智清淨何以故若内外空清淨若五眼
清淨若一切智智清淨無二無二分無別
無斷故内外空清淨故六神通清淨六神通
清淨故一切智智清淨何以故若内外空清
淨若六神通清淨若一切智智清淨無二無
二分無別無斷故善現内外空清淨故佛十
力清淨佛十力清淨故一切智智清淨何以
故若内外空清淨若佛十力清淨若一切智
智清淨無二無二分無別無斷故内外空清
淨故四無所畏四無礙解大慈大悲大喜大
捨十八佛不共法清淨四無所畏乃至十八佛
不共法清淨故一切智智清淨何以故若

無斷故善現內外空清淨故無忘失法清淨
無忘失法清淨故一切智智清淨何以故若
內外空清淨若無忘失法清淨若一切智智
清淨無二無二分無別無斷故內外空清淨
故恒住捨性清淨恒住捨性清淨故一切智
智清淨何以故若內外空清淨若恒住捨性
清淨若一切智智清淨無二無二分無別無
斷故善現內外空清淨故一切智清淨一切
智清淨故一切智智清淨何以故若外內空
清淨若一切智清淨若一切智智清淨無二
無二分無別無斷故善現內外空清淨故道
相智一切相智清淨道相智一切相智清淨
故一切智智清淨何以故若內外空清淨若
道相智一切相智清淨若一切智智清淨無
二無二分無別無斷故善現內外空清淨故

故一切智智清淨何以故若內外空清淨若
道相智一切相智清淨若一切智智清淨無
二無二分無別無斷故善現內外空清淨故
一切陀羅尼門清淨一切陀羅尼門清淨故
一切智智清淨何以故若內外空清淨若一
切陀羅尼門清淨若一切智智清淨無二無
二分無別無斷故內外空清淨故一切三摩
地門清淨一切三摩地門清淨故一切智智
清淨何以故若內外空清淨若一切三摩地
門清淨若一切智智清淨無二無二分無別
無斷故
善現內外空清淨故預流果清淨預流果清
淨故一切智智清淨何以故若內外空清淨
若預流果清淨若一切智智清淨無二無二
分無別無斷故內外空清淨故一來不還阿

不還阿羅漢果清淨若一切智智清淨無二
無二分無別無斷故善現內外空清淨故獨
覺菩提清淨獨覺菩提清淨故一切智智清
淨何以故若內外空清淨若獨覺菩提清淨
若一切智智清淨無二無二分無別無斷故
善現內外空清淨故一切菩薩摩訶薩行清
淨一切菩薩摩訶薩行清淨故一切智智清
淨何以故若內外空清淨若一切菩薩摩訶
薩行清淨若一切智智清淨無二無二分無
別無斷故善現內外空清淨故諸佛無上正
等菩提清淨諸佛無上正等菩提清淨故一
切智智清淨何以故若內外空清淨若諸佛
無上正等菩提清淨若一切智智清淨無二
無二分無別無斷故

無上正等菩提清淨若一切智智清淨無二
無二分無別無斷故
復次善現空空清淨故色清淨色清淨故一
切智智清淨何以故若空空清淨若色清淨
若一切智智清淨無二無二分無別無斷故
空空清淨故受想行識清淨受想行識清淨
故一切智智清淨何以故若空空清淨若受
想行識清淨若一切智智清淨無二無二分
無別無斷故善現空空清淨故眼處清淨眼
處清淨故一切智智清淨何以故若空空清
淨若眼處清淨若一切智智清淨無二無二
分無別無斷故空空清淨故耳鼻舌身意
處清淨耳鼻舌身意處清淨故一切智智
清淨何以故若空空清淨若耳鼻舌身意處清
淨若一切智智清淨無二無二分無別無斷故
[illegible]

淨若一切智智清淨無二無二分無別無斷
故空空清淨故聲香味觸法處清淨聲香
味觸法處清淨故一切智智清淨何以故若空
空清淨若聲香味觸法處清淨若一切智智
清淨無二無二分無別無斷故善現空空清
淨故眼界清淨眼界清淨故一切智智清淨
何以故若空空清淨若眼界清淨若一切智
智清淨無二無二分無別無斷故空空清淨
故色界眼識界及眼觸眼觸為緣所生諸受
清淨色界乃至眼觸為緣所生諸受清淨故
一切智智清淨何以故若空空清淨若色界
乃至眼觸為緣所生諸受清淨若一切智智
清淨無二無二分無別無斷故善現空空清
淨故耳界清淨耳界清淨故一切智智清淨

清淨無二無二分無別無斷故善現空空清
淨故耳界清淨耳界清淨故一切智智清淨
何以故若空空清淨若耳界清淨若一切智
智清淨無二無二分無別無斷故空空清淨
故聲界耳識界及耳觸耳觸為緣所生諸受
清淨聲界乃至耳觸為緣所生諸受清淨故
一切智智清淨何以故若空空清淨若聲界
乃至耳觸為緣所生諸受清淨若一切智智
清淨無二無二分無別無斷故善現空空清
淨故鼻界清淨鼻界清淨故一切智智清淨
何以故若空空清淨若鼻界清淨若一切智
智清淨無二無二分無別無斷故空空清淨
故香界鼻識界及鼻觸鼻觸為緣所生諸受
清淨香界乃至鼻觸為緣所生諸受清淨故
一切智智清淨何以故若空空清淨若香界

清淨無二無二分無別無斷故善現空空清
淨故舌界清淨舌界清淨故一切智智清淨
何以故若空空清淨若舌界清淨若一切智
智清淨無二無二分無別無斷故空空清淨
故味界舌識界及舌觸舌觸為緣所生諸受
清淨味界乃至舌觸為緣所生諸受清淨故
一切智智清淨何以故若空空清淨若味界
乃至舌觸為緣所生諸受清淨若一切智智
清淨無二無二分無別無斷故善現空空清
淨故身界清淨身界清淨故一切智智清淨
何以故若空空清淨若身界清淨若一切智
智清淨無二無二分無別無斷故空空清淨
故觸界身識界及身觸身觸為緣所生諸受
清淨觸界乃至身觸為緣所生諸受清淨故
一切智智清淨何以故若空空清淨若觸界

一切智智清淨何以故若空空清淨若觸界
乃至身觸為緣所生諸受清淨若一切智智
清淨無二無二分無別無斷故善現空空清
淨故意界清淨意界清淨故一切智智清淨
何以故若空空清淨若意界清淨若一切智
智清淨無二無二分無別無斷故空空清淨
故法界意識界及意觸意觸為緣所生諸受
清淨法界乃至意觸為緣所生諸受清淨
故一切智智清淨何以故若空空清淨若
法界乃至意觸為緣所生諸受清淨若一切
智智清淨無二無二分無別無斷故善現空
空清淨故地界清淨地界清淨故一切智智
清淨何以故若空空清淨若地界清淨若一
切智智清淨無二無二分無別無斷故空空
清淨故水火風空識界清淨水火風空識界

若水火風空識界清淨若一切智智清淨無
二無二分無別無斷故善現空空清淨故無
明清淨無明清淨故一切智智清淨何以故
若空空清淨若無明清淨若一切智智清淨
無二無二分無別無斷故空空清淨故行識
名色六處觸受愛取有生老死愁歎苦憂惱
清淨行乃至老死愁歎苦憂惱清淨故一切
智智清淨何以故若空空清淨若行乃至老
死愁歎苦憂惱淨淨若一切智智清淨無二
無二分無別無斷故
善現空空清淨故布施波羅蜜多清淨布施
波羅蜜多清淨故一切智智清淨何以故若
空空清淨若布施波羅蜜多清淨若一切智
智清淨無二無二分無別無斷故空空清淨

智清淨無二無二分無別無斷故空空清淨
故淨戒安忍精進靜慮般若波羅蜜多清淨
淨戒乃至般若波羅蜜多清淨故一切智智
清淨何以故若空空清淨若淨戒乃至般若
波羅蜜多清淨若一切智智清淨無二無二
分無別無斷故善現空空清淨故內空清淨
內空清淨故一切智智清淨何以故若空空
清淨若內空清淨若一切智智清淨無二無
二分無別無斷故空空清淨故外空內外空
空空大空勝義空有為空無為空畢竟空無
際空散空無變異空本性空自相空共相空一切
法空不可得空無性空自性空無性自性空
清淨外空乃至無性自性空清淨故一切智智
清淨何以故若空空清淨若外空乃至無

真如清淨故一切智智清淨何以故若空空
清淨若真如清淨若一切智智清淨無二無
二分無別無斷故空空清淨故法界法性不
虛妄性不變異性平等性離生性法定法住
實際虛空界不思議界清淨法界乃至不思
議界清淨故一切智智清淨何以故若空空
清淨若法界乃至不思議界清淨若一切智
智清淨無二無二分無別無斷故善現空空
清淨故苦聖諦清淨苦聖諦清淨故一切智
智清淨何以故若空空清淨若苦聖諦清淨
若一切智智清淨無二無二分無別無斷故
空空清淨故集滅道聖諦清淨集滅道聖
諦清淨故一切智智清淨何以故若空空清淨
若集滅道聖諦清淨若一切智智清淨無二

若集滅道聖諦清淨若一切智智清淨無二
無二分無別無斷故善現空空清淨故四靜慮
清淨四靜慮清淨故一切智智清淨何以故若
空空清淨若四靜慮清淨若一切智智清淨
無二無二分無別無斷故空空清淨故四無
量四無色定清淨四無量四無色定清淨故
一切智智清淨何以故若空空清淨若四無
量四無色定清淨若一切智智清淨無二無
二分無別無斷故善現空空清淨故八解脫
清淨八解脫清淨故一切智智清淨何以故
若空空清淨若八解脫清淨若一切智智清
淨無二無二分無別無斷故空空清淨故八
勝處九次第定十遍處清淨八勝處九次第
定十遍處清淨故一切智智清淨何以故若

善現空空清淨故四念住清淨四念住清淨
故一切智智清淨何以故若空空清淨若四
念住清淨若一切智智清淨無二無二分無
別無斷故空空清淨故四正斷四神足五根
五力七等覺支八聖道支清淨四正斷乃至
八聖道支清淨故一切智智清淨何以故若
空空清淨若四正斷乃至八聖道支清淨若
一切智智清淨無二無二分無別無斷故善
現空空清淨故空解脫門清淨空解脫門
清淨故一切智智清淨何以故若空空清淨若
空解脫門清淨若一切智智清淨無二無二
分無別無斷故空空清淨故無相無願解脫
門清淨無相無願解脫門清淨故一切智智
清淨何以故若空空清淨若無相無願解脫

清淨何以故若空清淨若無相無願解脫
門清淨若一切智智清淨無二無二分無別
無斷故善現空空清淨故菩薩十地清淨菩
薩十地清淨故一切智智清淨何以故若空
空清淨若菩薩十地清淨若一切智智清淨
無二無二分無別無斷故
善現空空清淨故五眼清淨五眼清淨故一
切智智清淨何以故若空空清淨若五眼清
淨若一切智智清淨無二無二分無別無斷
故空空清淨故六神通清淨六神通清淨故
一切智智清淨何以故若空空清淨若六神
通清淨若一切智智清淨無二無二分無別
無斷故善現空空清淨故佛十力清淨佛十
力清淨故一切智智清淨何以故若空空清
淨若佛十力清淨若一切智智清淨

無礙解大慈大悲大喜大捨十八佛不共法清
淨四無所畏乃至十八佛不共法清淨故
一切智智清淨何以故若空空清淨若四
無所畏乃至十八佛不共法清淨若一切智智
清淨無二無二分無別無斷故善現空空清
淨故無忘失法清淨無忘失法清淨故一切
智智清淨何以故若空空清淨若無忘失法
清淨若一切智智清淨無二無二分無別無
斷故空空清淨故恒住捨性清淨恒住捨性
清淨故一切智智清淨何以故若空空清淨
若恒住捨性清淨若一切智智清淨無二無
二分無別無斷故善現空空清淨故一切智
清淨一切智清淨故一切智智清淨何以故
若空空清淨若一切智智清淨若一切智智清

若空清淨若一切智智清淨若一切智智清
淨無二無二分無別無斷故空空清淨故道
相智一切相智清淨道相智一切相智清淨
故一切智智清淨何以故若空空清淨若道
相智一切相智清淨若一切智智清淨無二
無二分無別無斷故善現空空清淨故一切
陁羅尼門清淨一切陁羅尼門清淨故一切
智智清淨何以故若空空清淨若一切陁羅
尼門清淨若一切智智清淨無二無二分無
別無斷故空空清淨故一切三摩地門清淨
一切三摩地門清淨故一切智智清淨何以故
若空空清淨若一切三摩地門清淨若一
切智智清淨無二無二分無別無斷故
善現空空清淨故預流果清淨預流果清淨

別無斷故空空清淨故一來不還阿羅漢果
清淨一來不還阿羅漢果清淨故一切智智
清淨何以故若空空清淨若一來不還阿羅
漢果清淨若一切智智清淨無二無二分無
別無斷故善現空空清淨故獨覺菩提清
淨獨覺菩提清淨故一切智智清淨何以故若
空空清淨若獨覺菩提清淨若一切智智清
淨無二無二分無別無斷故善現空空清淨
故一切菩薩摩訶薩行清淨一切菩薩摩訶
薩行清淨故一切智智清淨何以故若空空
清淨若一切菩薩摩訶薩行清淨若一切智
智清淨無二無二分無別無斷故善現空空
清淨故諸佛無上正等菩提清淨諸佛無上
正等菩提清淨故一切智智清淨何以故若

正等菩提清淨故一切智智清淨何以故若
空空清淨若諸佛無上正等菩提清淨若一
切智智清淨無二無二分無別無斷故
復次善現大空清淨故色清淨色清淨故一
切智智清淨何以故若大空清淨若色清淨
若一切智智清淨無二無二分無別無斷故
大空清淨故受想行識清淨受想行識清淨
故一切智智清淨何以故若大空清淨若受
想行識清淨若一切智智清淨無二無二分
無別無斷故善現大空清淨故眼處清淨眼
處清淨故一切智智清淨何以故若大空清
淨若眼處清淨若一切智智清淨無二無二
分無別無斷故大空清淨故耳鼻舌身意處
清淨耳鼻舌身意處清淨故一切智智清淨

善現大空清淨故色處清淨色處清淨故
一切智智清淨何以故若大空清淨若色處清
淨若一切智智清淨無二無二分無別無斷
故大空清淨故聲香味觸法處清淨聲香
味觸法處清淨故一切智智清淨何以故若大
空清淨若聲香味觸法處清淨若一切智智
清淨無二無二分無別無斷故善現大空清
淨故眼界清淨眼界清淨故一切智智清淨
何以故若大空清淨若眼界清淨若一切智
智清淨無二無二分無別無斷故大空清淨
故色界眼識界及眼觸眼觸為緣所生諸受
清淨色界乃至眼觸為緣所生諸受清淨故
一切智智清淨何以故若大空清淨若色界
乃至眼觸為緣所生諸受清淨若一切智

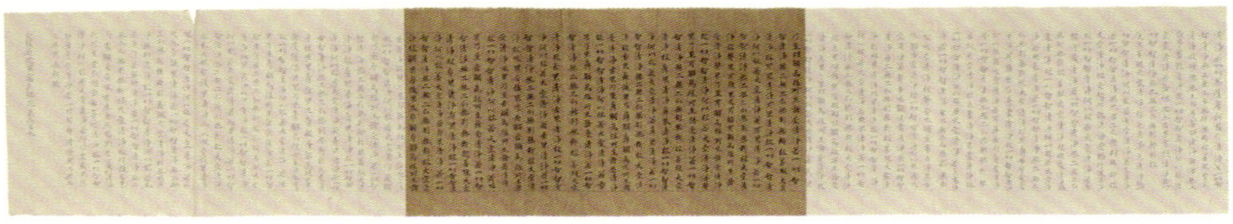

乃至眼觸為緣所生諸受清淨若一切智
智清淨無二無二分無別無斷故善現大空
清淨故耳界清淨耳界清淨故一切智智清
淨何以故若大空清淨若耳界清淨若一切
智智清淨無二無二分無別無斷故大空清
淨故聲界耳識界及耳觸耳觸為緣所生諸
受清淨聲界乃至耳觸為緣所生諸受清淨
故一切智智清淨何以故若大空清淨若聲
界乃至耳觸為緣所生諸受清淨若一切智
智清淨無二無二分無別無斷故善現大空
清淨故鼻界清淨鼻界清淨故一切智智清
淨何以故若大空清淨若鼻界清淨若一切
智智清淨無二無二分無別無斷故大空清
淨故香界鼻識界及鼻觸鼻觸為緣所生諸

界乃至鼻觸為緣所生諸受清淨若一切智
智清淨無二無二分無別無斷故善現大空
清淨故舌界清淨舌界清淨故一切智智清
淨何以故若大空清淨若舌界清淨若一切
智智清淨無二無二分無別無斷故大空清
淨故味界舌識界及舌觸舌觸為緣所生諸
受清淨味界乃至舌觸為緣所生諸受清淨
故一切智智清淨何以故若大空清淨若味
界乃至舌觸為緣所生諸受清淨若一切智
智清淨無二無二分無別無斷故善現大空
清淨故身界清淨身界清淨故一切智智清
淨何以故善大空清淨若身界清淨若一切
智智清淨無二無二分無別無斷故大空清
淨故觸界身識界及身觸身觸為緣所生諸

淨故觸界身識界及身觸身觸為緣所生諸
受清淨觸界乃至身觸為緣所生諸受清淨
故一切智智清淨何以故若大空清淨若觸
界乃至身觸為緣所生諸受清淨若一切智
智清淨無二無二分無別無斷故善現大空
清淨故意界清淨意界清淨故一切智智
清淨何以故若大空清淨若意界清淨若一切
智智清淨無二無二分無別無斷故大空清
淨故法界意識界及意觸意觸為緣所生
諸受清淨法界乃至意觸為緣所生諸受清淨
故一切智智清淨何以故若大空清淨若法
界乃至意觸為緣所生諸受清淨若一切智
智清淨無二無二分無斷故斷故善現大空
清淨地界清淨地界清淨故一切智智清淨

故水火風空識界清淨水火風空識界清淨

故一切智智清淨何以故若大空清淨若水
火風空識界清淨若一切智智清淨無二無
二分無別無斷故善現大空清淨故無明清
淨無明清淨故一切智智清淨何以故若大
空清淨若無明清淨若一切智智清淨無二
無二分無別無斷故大空清淨故行識名色
六處觸受愛取有生老死愁歎苦憂惱清淨
行乃至老死愁歎苦憂惱清淨故一切智智
清淨何以故若大空清淨若行乃至老死愁
歎苦憂惱清淨若一切智智清淨無二無二
分無別無斷故

大般若波羅蜜多經卷第二百九

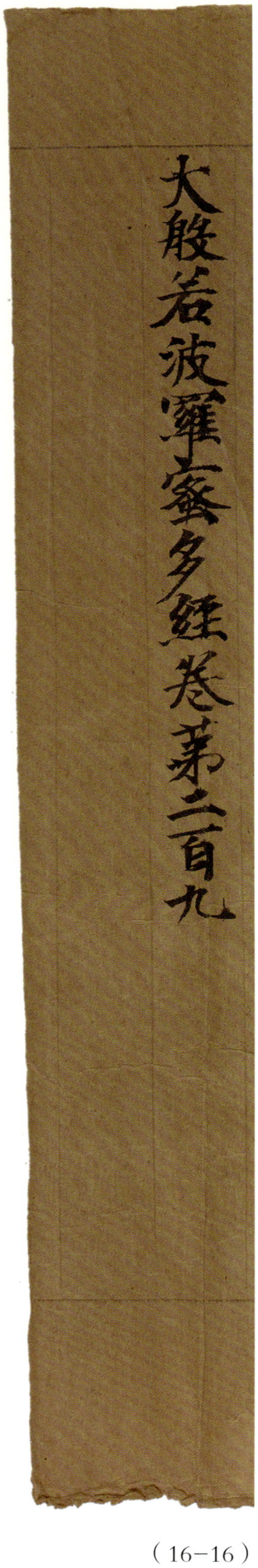

大般若波羅蜜多經卷第二百九

BD01143 大方等大集經（异卷）卷一四

（北凉）曇無讖等 譯

850.7cm × 25.3cm

種多異
佛法有菩提者當知有器一切佛法即是菩
提菩提即是佛法善男子是故我若遠離煩
惱不見佛法不見菩提煩惱菩提及以佛法
无有差別若煩惱中見菩提者即是如見若
離煩惱見菩提者是名倒見蓮華菩薩言善
男子云何名倒見見我壽命士夫摩納離是
人外別有貪欲瞋恚愚癡是名倒見一切法
性及菩提性无有差別无作无受我性衆生
命夫摩納即是貪欲瞋恚愚癡如是等法即
是菩提是名如見即四大中及四大造求於
菩提不餘處求云何名求求時不見一切諸

者即是一切諸法之性一切諸法者无性者
即是實相實相者非常非斷名畢竟節若有
能見如是等節當知是人不流不散不流不
散即无生滅即是涅槃即是真知一切諸法
若如是等淨涅槃者即是聖句入於涅槃是
故如來於經中說自不調伏能調伏他自不
解脫能解脫他自不寂靜能寂靜他自不涅
槃令他涅槃无有是處若自調伏令他調伏
若自解脫令他解脫若自寂靜令他寂靜若
自涅槃令他涅槃斯有是處善男子菩薩摩
訶薩脩菩提道解了一切衆生所行於諸法
相及以法界不生分別脩行一切善法之時
亦不見有諸魔徒衆雖求佛法不見求者雖
聞衆生不見我人雖行諸法順忍不行離順

亦不見有諸魔徒衆雖亦佛法不見亦者雖
調衆生不見我人雖行諸法煩惱不汙雖順
世法世法不染負五陰擔亦无住處遠離諸
界不動法界脩解脫法門不退善法明見三
界不雜煩惱行檀波羅蜜不生憍慢乃至般
若波羅蜜亦復如是隨一切行實不行於一
切諸行若能脩行如是等行當知即是行菩
薩道於菩提道及菩提行不生分別若行如
是菩提道行於諸法中不見有我无貪无瞋
无親无怨无有郭导若无郭导即无為行若
无為行即是真實大菩薩也蓮華菩薩言善
男子何因緣故名為菩薩善男子能覺衆生

衆生深樂寂靜是名菩薩增長佛語堅正法
幢護念聖衆於菩提心无有動轉不作聲聞
辟支佛心終不捨離至誠之心發願畢竟能
度未度能解未解為无依者而作歸依能滅
未滅能調煩惱不脱煩惱親生死過亦求諸
有脩空三昧不捨衆生脩集无想不捨菩提
想脩集无願深樂諸有雖樂佛法於貪无貪
知有為法多諸罪咎而其内心不捨有為雖
離諸闇不淨大明淨大智慧以為器甲深樂
慧施嚴施瓔珞淨佛世界具足淨戒具足誓
願具足忍辱能調一切不忍衆生懃脩精進
求无壞身能壞欲界樂受下身雖受諸有其

頒具足忍[illegible]
求无壞身能壞欲界樂受下身雖受諸有其
心不悔善知方便常自調伏求於菩提為諸
衆生脩集慈心為壞衆苦脩集悲心為調不
調脩集喜心非畢竟捨脩集捨心通達了了
解甚深義非諸聲聞緣覺境界依於義法了
義經智不依世法亦為衆生而作依止為諸
衆生莊嚴身口如說而作莊嚴於心為諸衆
生莊嚴神通利益衆生猶如大地能淨一切
猶如大火燒諸煩惱猶如熾火於法无㝵猶
如猛風於法平等猶如虛空得陀羅尼持一
切聞樂說无㝵令衆喜聞至心念佛為淨心
故能大法施斷食施故正命自活威儀清淨
脩心淨三昧深樂寂靜樂聞衆生[illegible]

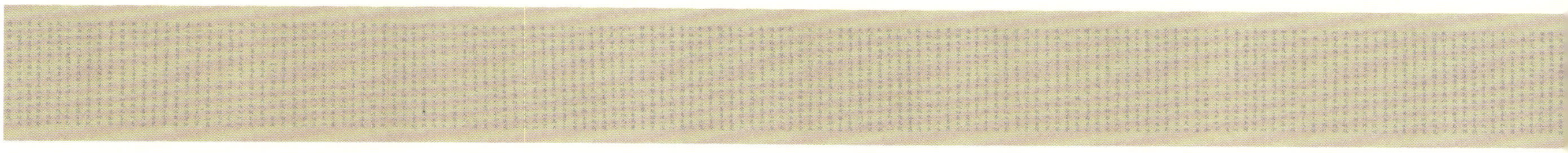

行慧施堅固不退眷屬不壞親近善友知恩
報恩觀過去業隨衆生意能壞疑心觀察生
死多諸過咎所作至心解一切語脩集大乘
不毀三乘衆生樂見隨問而荅得无畏智諸
佛所念時節語不多語光明清涼猶如秋月
善法具足猶如滿月衆生樂見猶如朔月增
長善法猶如初月一味甘甜如月一味觀一
切法如水中月清淨无垢如月无翳易共語
言諸根具足於一切法猶如橋梁能度衆生
於四駛水為諸衆生營作佛事其心初不動
菩薩界以如是義故名菩薩尒時蓮華菩薩
白佛言世尊无言菩薩作如是說當知不久

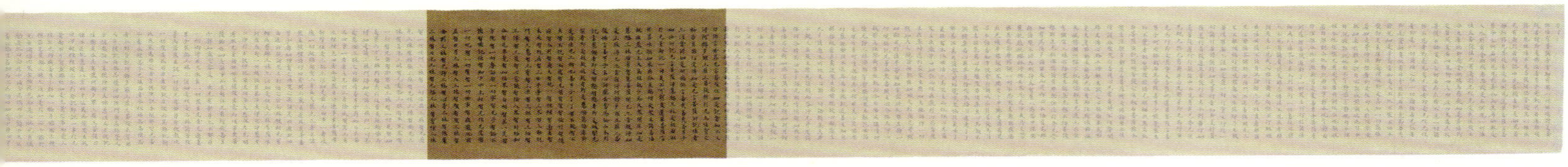

菩薩男以如是義故名菩薩作明達菩薩
白佛言世尊无言菩薩作如是說當知不久
淂阿耨多羅三藐三菩提轉於无上法寶之
輪若有能信受持如是无言菩薩所說法者
亦復當淂如是功德佛言善哉善哉善男子
如汝所說无言菩薩淂慧燈三昧是故若欲
於无量劫說一句義不可窮盡蓮華菩薩言
世尊唯願如来垂矜哀愍增長衆生諸善法
故莊嚴无上大集經故少為大衆開示如是
慧燈三昧若有智慧菩薩聞已亦當獲淂如
是三昧淂已亦當疾淂阿耨多羅三藐三菩
提佛言善男子至心諦聽吾當為汝少分別
說言慧燈者即是智燈智燈者即是破闇无
闇者即是破是破者即是慧燈慧燈者即

失智不撓智不隨智无闇智聖智猛利智捷
疾智分別智廣大智純一智種種智過去智
未來智現在智三世平等智三界智三解脫
門智三慧智三寶智三乘智三眼智三垢智
三達智三聚智心意識智陰入界智因緣和
合智見畢竟智如法界智自相智第一義智
方便智一切聲語智一切字智无导智語不
懷智能說法智知下中上根智无作无受智
一切呪智一切醫智一切世事智莊嚴陁羅
尼智日月三昧智入三昧智聖智聖三昧智
金剛三昧智无諍三昧智心等三昧智壞魔
三昧智日光三昧智无想三昧智寶幢三昧

三昧智日光三昧智无想三昧智寶幢三昧
智一切法門三昧智一切法器三昧智无邊
光三昧智福德三昧智无作三昧智樂見三
昧智善見三昧智无盡器三昧智畢竟盡智
一切智无動智那羅延三昧智一切見智如
是等六万三昧門智我於往昔見然燈佛即
得如是諸三昧門得如是諸三昧門一切悉
是慧燈三昧之所攝持善男子譬如日出能
爲四事一者有大光明二者除滅闇冥三者
示種種色四者令諸衆生得造事業菩薩摩
訶薩住是三昧亦復如是能爲四事一者破
壞一切煩惱闇冥二者出大慧光三者示諸
衆生種種諸行四者開示衆生道非道等善

增臧慧燈三昧亦復如是住是三昧菩薩摩
訶薩永斷一切煩惱習氣淨戒淨定淨慧身
心淨於方便淨陁羅尼脩集大悲放大光明
遍照无量諸佛世界隨衆生意而作事業菩
薩雖作如是諸事而其想性无有增臧善男
子辟如虛空容受　土无有鄣㝵亦不鄣㝵
一切雨渧風火水灾一切衆生无量无邊善
男子慧燈三昧亦復如是住是三昧諸菩薩
等為諸衆生說一切法无有鄣㝵方便教化
一切衆生為因力者演說方便示其解脫調
伏成熟為耶定者方便演說令壞耶定无善
子者令種善子无法器者令作法器為法器

BD01143　大方等大集經（异卷）卷一四

佛所勤為取空者亦使證令得取空者亦

子者令種善子无法器者令作法器為法器

者分別宣說阿耨多羅三藐三菩提求聲聞

人方便說法令其獲得四沙門果求緣覺人

方便教誨令其獲得辟支佛道復為方便說

法漸進令其悉發阿耨多羅三藐三菩提心

住不退地通達八万四千法聚為壞衆生疑

网心故種種開示分別解說解說一事於无

量劫不可窮盡雖作如是无量之事而是三

昧亦无增減善男子譬如一燈力能顯示種

種諸色慧燈三昧亦復如是於一心中能於

无量諸佛世界亦種種色而是三昧无有傾

動是故四念為中法念為頂四正懃中未生

善法欲生集如名之為頂四如意中身心猗

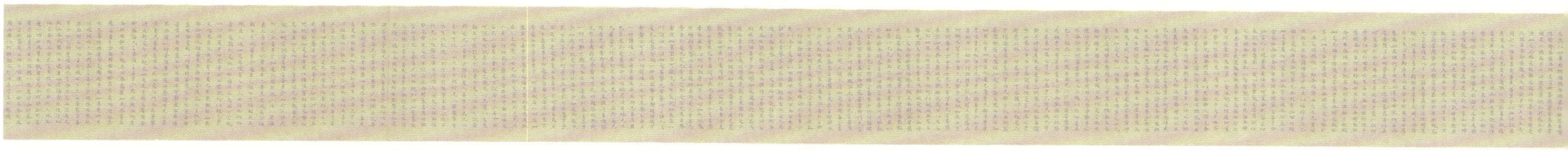

七覺分中釋法為頂八正道中正見為頂一
切外道所有舍摩陁毗婆舍那名之為頂四
真諦中滅諦為頂四依之中依義為頂四无
㝵智義无㝵智名之為頂六神通中漏盡為
頂四无量心悲心為頂梵行中智慧為頂
諸波羅蜜般若為頂一切方便知衆生心名
之為頂一切諸力處非處力名之為頂諸无
畏中初名為頂不共法中无㝵為頂卅二相
无見頂相名之為頂八十種好不空說法名
之為頂莊嚴口中解一切語名之為頂莊嚴
心中破憍慢為頂一切法中智慧為頂是名
慧燈三昧說是法時蓮華菩薩及万菩薩得
是三昧三千大千世界大地六種震動一切

BD01143　大方等大集經（异卷）卷一四

是三昧三千大千世界大地六種震動一切
大衆以妙華香種種伎樂供養於佛尊重讃
嘆時會菩薩各作是言世尊我等昔來未曾
聞是三昧名字況得聞其廣說分別我今皆
得如是三昧是故報恩設此供養若有聞是
三昧名字即能獲得大利益事不失无上菩
提之心佛言善哉善哉善男子如汝所說若
有衆生已於无量无邊佛所殖諸善本親近
善友然後及得聞是三昧尒時世尊說是法
時於其齊中出一菩薩身真金色卅二相八
十種好放大光明除佛光明餘无及者是時
菩薩敬礼佛足右遶七匝長跪合掌而白佛
言世尊知槁如來致意无量問訊世尊起居

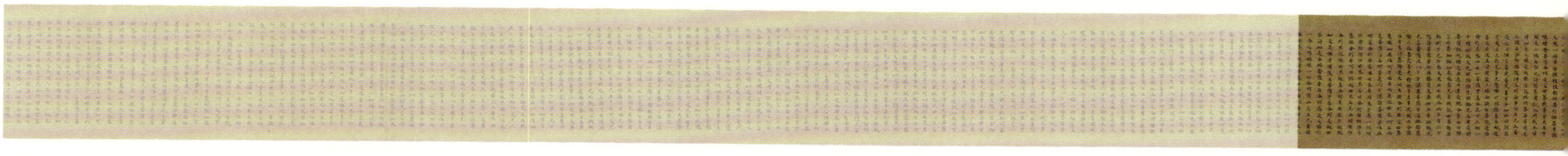

佉諸菩薩菩薩名之聽受其如是菩薩名號
无言菩薩及以十方諸來菩薩并復欲聞慧
燈三昧善哉善哉釋迦牟尼幸為開示令諸
往者悉得慧燈還來此土時舍利弗言世尊
慧橋如來住何方面去此遠近世界何名而
是菩薩復名何等是六万億諸菩薩等住在
何處舍利弗其佛世界去此東方過一恒河
沙等恒河沙世界世界名曰金對堅根佛号
慧橋舍利弗何因緣故世界名為金對堅根
舍利弗彼佛世界地悉金對其佛願力故致
如是其佛身體衆生菩薩身悉金對是故世
界得如是名此菩薩者名金對齊是人能於
一念之頃破壞一切金對諸山直至无量諸
弗世界示見者弗齊中而出人弗中而取之

一念之頃破壞一切金剛諸山亘至无量諸
佛世界示現諸佛齊中而出以佛神力及已
願力是故名爲金剛齊也舍利弗汝向所問
如是菩薩住何處者汝今當問彼金剛齊自
當荅汝尒時舍利弗即問金剛齊言善男子
汝言六万億菩薩者住在何處金剛齊言如
來記汝智慧第一當以聖智觀是菩薩所住
之處時舍利弗即以聖智觀之不見語金剛
齊善男子我盡聖智觀志不見大德汝之同
學阿泥婁陀天眼第一當今觀之住在何處
尒時阿泥婁陀天以天眼觀三千大千世界
亦不能見語舍利弗我以天眼都不能見金
剛齊菩薩言大德汝之同學若不能見不名

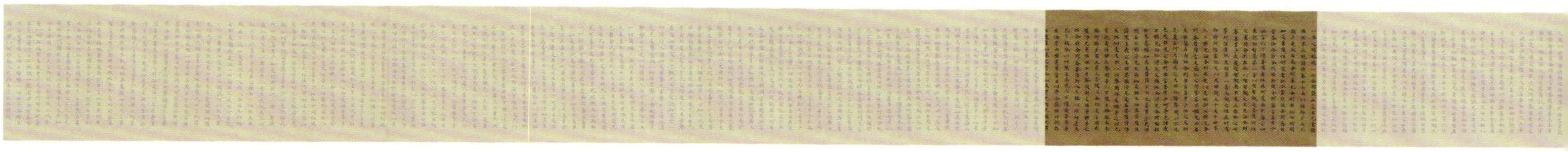

眼義云何大德我[illegible]
色我能見之舍利弗言善男子何等色法我
不能見而汝得見大德汝今得見金剛堅根
世界慧檮如来及菩薩不不也善男子我唯
聞名不能得見大德如是佛土如来菩薩及
諸衆生我之天眼悉能得見是名菩薩清淨
天眼如是天眼一切聲聞辟支佛等之所无
有說是法時求聲聞者六万衆生捨離本志
發阿耨多羅三藐三菩提心各作是言願我
獲得无导佛眼不用聲聞辟支佛等鄣导之
眼尒時金剛齊菩薩即入三昧以佛神通及
已力故令一切衆生悉見六万億諸菩薩等
在佛身内坐蓮華臺至心專念聽佛所說無
不逼窄如来之身而如来身无增无減无有

在佛身内坐蓮華臺至心專念聽佛所説怨
不逼窄如来之身而如来身无增无减无有
鄣㝵時諸大衆見是事已供養禮敬歡喜讚
嘆如来之事不可思議復作是言如来之身
智慧三昧一切悉皆不可思議何以故是六
万億諸菩薩等悉住身内无鄣㝵故金剛齊
菩薩觀諸大衆作如是言諸大衆汝等不知
如来之身如虚空也是无邊身无鄣㝵身廣
身法身无相根身无量身也諸善男子如来
若欲内一切物所謂國土城邑村屯聚落山
河樹木置身中者亦无鄣㝵是故如来不可
思議善男子十方世界无量淨土无量菩薩
来詣如来聽大集經成就妙色具卅八大人

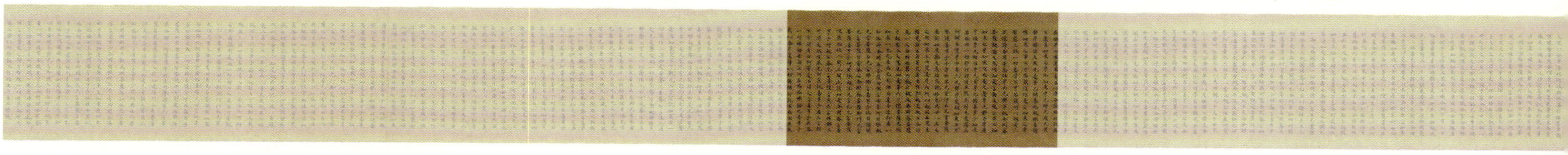

釋梵諸王[illegible]
見一人尒時世尊功德力故及金剛齊菩薩
力故悉令大衆見如是等六万億菩薩悉從
如来一毛孔出出已礼佛右遶七迊却坐一
面尒時金剛齊菩薩白佛言世尊何因緣故
无言菩薩名无言耶佛言善男子汝自諮問
无言菩薩自當荅之金剛齊菩薩即問无言
菩薩善男子何因緣故字无言也无言菩薩
嘿然而住二問三問亦復如是金剛齊言善
男子何故不荅无言菩薩言我求言辭都不
可得是故嘿然无所宣說善男子若求言辭
不可得者云何有是不得之言善男子我荅
一切佛語世語云何名爲荅佛語也善男子
我以念力受持一切諸佛所說不忘不失然

一切佛語世語云何名爲荅佛語也善男子
我以念力受持一切諸佛所説不忘不失然
都不見音聲字句爲流布故而宣説之亦爲
衆生壞是聲字及以文句而演説法云何名
爲荅世語也解諸衆生種種言音隨其所言
而爲説法善男子汝能如是隨順説法爲欠
近也善男子我從深滅覺觀已來能作是説
善男子何因緣故作如是説善男子若无覺
觀聲云何出以是因緣作如是説善男子夫
聲出者爲從身出從心出也善男子夫音聲
者不在身心何以故身如草木心如幻化衆
因緣故有聲而出若從緣出即是无常若无
常者即是无定无常无定即是空无夫音聲

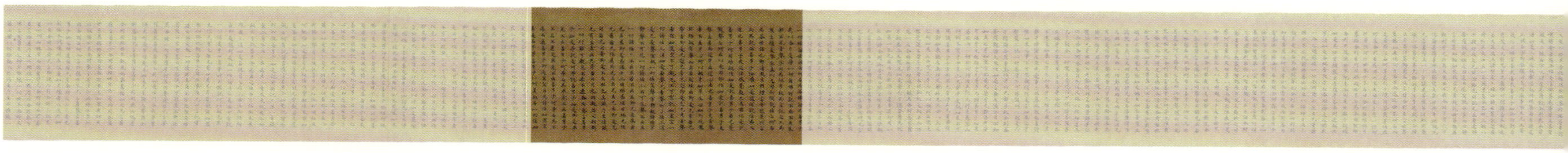

是无是聲空故一切法空聲穷靜故諸法穷
靜聲不可見一切諸法亦不可見聲不出生
一切諸法亦不出生若不出生即无去来若
无去来即是甚深十二因緣甚深因緣无作
无屬若无作屬即无生出无生无出即是无
句若无句者即是不生眼色及識乃至法識
无有生老病死等苦日月光明親怨之相斷
一切行難可覩見不近不遠金對齊言善男
子如是等說是何等說善男子如是即是畢
竟不出善男子何等名為畢竟不出善男子
不近不遠是畢竟不出善男子何等名為不
近不遠善男子即是虛空若見諸法如虛空
者是名平等善男子以何義故名一切法如

近不遠善男子即是虛空若見諸法如空
者是名平等善男子以何義故名一切法如
虛空也善男子過去之法无有終竟未來現
在亦无終竟三世无終即是實相即是无二
二者所謂眼色耳聲鼻香舌味身觸心法是
名爲二若有二者即是可說若无二者即不
可說不可說者即是无識无心无意以是義
故不可宣說夫可說者即是二法不可說者
即是无二善男子誰作是二善男子夫无二
者不可作二二亦不可作於无二若堅牢者
不可作脆脆亦不可作於堅牢生死之法不
作无二涅槃之法不得作二正見之性不作
耶見耶見之性不作正見金剛齊菩薩白佛
言世尊无二菩薩云何乎說以淨口業慧登

慧燈三昧也尒時金剛堅根世界慧㦜如來
諸菩薩等語无言菩薩言善男子汝住何地
能作是荅无言菩薩言善男子如佛所說菩
薩摩訶薩若住義地能如是荅善男子善哉
善哉唯願解說如是義地善男子若无身住
心住意住內住外住內外住即是住義善男
子若无相无命无作无行即是住義若有菩
薩住如是義即是无住若无住者終不生念
我能出聲有所演說善男子如汝所問住在
何地能如是荅者我住法性實相法界能如
是荅若如是知法真實者則无覺觀若无覺
觀云何有說諸菩薩言善男子如是說時爲
何所說善男子如是說時則无[illegible]一[illegible]

觀云何有說諸菩薩言善男子如是說時為
何所說善男子如是說時則說二法一者滅
盡二者不出一者過去二者未來現在不住
故不可說善男子過去之法不可住相未來
現在亦復如是若使有人於三世法而作相
者即是顛到是故一切諸法之義不可宣說
一切法義身口意等所不能說何以故无業
无作无有色报无有口業无有覺觀猶如響
相如佛化故善男子諸佛菩薩凡所言說皆
逆世語是故一切諸佛菩薩不可思議諸佛
菩薩所有智慧不可思議不可窮盡不動法
界尒時一切菩薩摩訶薩同聲讚嘆无言菩
薩善哉善哉[illegible]

[illegible]如是无量諸大菩薩金
剛齊語无言菩薩言善男子我欲與汝俱還
金剛堅根世界覲見供養慧橋如來无言菩
薩言善男子金剛堅根世界即是此間娑婆
世界慧橋佛者即是釋迦牟尼如来我何用
往彼佛世界金剛齊言善男子此佛世界地
非金剛云何而言即彼世界无言菩薩言善
男子汝之神通能壞无量金剛之山亘過无
數汝今試壞此土彼塵如其壞者然後乃知
汝名金剛尒時无言即便入於金剛三昧悉
壞一切山林草木微塵皆為金剛時金剛齊
盡其神通乃至不能破一微塵時金剛齊白
佛言世尊我之神力能壞一切世界金剛及

佛言世尊我之神力能壞一切世界金剛及
諸山壁以何緣故令於此土乃至不能壞一
微塵爲是如來神通之力爲是无言道德力
也佛言善男子是无言菩薩入金剛三昧三
昧力故令此三千大千世界一切所有悉爲
金剛若欲復使无量世界爲金剛者其力亦
能金剛齊菩薩言世尊菩薩摩訶薩具足幾
法能得如是金剛三昧佛言善男子菩薩摩
訶薩具足四法則能獲得如是三昧何等爲
四一者至心念善於菩提二者所作喜法畢
竟三者至心莊嚴善法願向菩提四者能觀
十二因緣是名爲四復有四法一者成就神

者知義知時知實知一切法皆悉平等是名
爲四復有四法一者從大悲心求大智慧二
者從善方便求卅七助菩提法三者從大慈
心觀諸衆生一切平等四者從於捨心觀四
真諦復有四法所謂身口意業及菩提心不
可敗壞悉如金剛善男子菩薩摩訶薩具足
成就如是等法則能獲得金剛三昧說是法
時六万億菩薩一切悉得金剛三昧尒時无
言咨白其父師子將軍尊者佛出世間即具
足无量功德大功德聚即是如来佛出世時
无量衆生得大利益大利益者即是涅槃夫
涅槃者常不變易尊者何故不發阿耨多羅

无量无[illegible][illegible]大利益大利益者即是涅槃夫
涅槃者常不變易尊者何故不發阿耨多羅
三藐三菩提心其父答言吾初生時已發阿
耨多羅三藐三菩提心尒時六有諸天来勸
如汝无異如是事者唯佛證知師子将軍所
将眷屬滿五百人悉發阿耨多羅三藐三菩
提心
尒時无言菩薩讚其眷屬善哉善哉善能莊
嚴菩提之心諸眷屬言云何名為莊嚴菩提
心无言菩薩言有卌事莊嚴菩提心何等卌
所謂信佛不疑不動法界供養聖衆親近善
友於諸菩薩作醫王想於諸衆生其心平等
供養恭敬諸師和上父毋有德順受其語護
[illegible]

愧知恩報恩常善思惟如法而作能施難施
至心護戒精進懃脩一切善法具足成就功
德莊嚴心无嫉妬護諸衆生防制煩惱調伏
其心及以他心調諸衆生能斷煩惱知足寂
靜脩淨梵行不斷聖種世法不汙供養恭敬
說法之人随順世間遠離懈怠无有放逸不
求下乘菩提之心初不動轉處生死心不
厭悔遠離一切不善之法具足一切純善妙
法莊嚴梵行是名卌尒時師子將軍言汝當
時時示現其身為令我等不退无上菩提之
心无言菩薩言尊者具足十法常得親近諸
佛菩薩何等為十所謂自捨己樂以施衆生

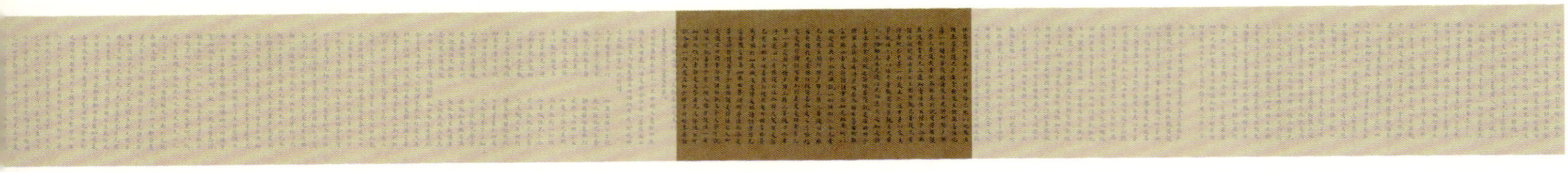

佛菩薩何等爲十所謂自捨己樂以施衆生
脩集忍辱護无力者常勸衆生脩集善法化
導一切趣向菩提願諸衆生先得阿耨多羅
三藐三菩提我當供養聽其所說受持擁護
然後我當成无上道知實法性不惜身命爲
護法故聞深法界不生恐怖觀无菩提无有
得者觀己平等一切衆生亦復平等以衆生
等觀法亦等以法平等觀虚空等觀生死苦
亦不捨離見生死過心无悔退具足如是諸
善法者常得親近諸佛菩薩說是法時師子
將軍及諸眷屬得柔順忍尒時世尊告阿難
言阿難汝當受持讀誦書寫如是經典何以
故是經典中分別演說一切法自[illegible]

若有能於无量佛所殖諸善本是人乃能信
受是經持讀誦寫廣分別義受是經者有三
事一者定發阿耨多羅三藐三菩提心二者
得不退心三者能護正法尒時大衆聞是語
已有七那由他菩薩即從坐起白佛言世尊
我等能於如來滅後受持是經讀誦書寫无
言菩薩言世尊如來世尊得何等法而令是
等受持守護善男子若能護是持法之人即
是護法所謂書寫讀誦解說文字文字可說
法不可說善男子有二種人能守護法一者
如法而作二者誦是文字若无文字法不可
說尒時一切大衆及師子將軍所將眷屬諸

如法所作二者謂是文字若无文字法不可
說尒時一切大衆及師子将軍所将眷屬諸
天世人聞是法已心大歡喜信受奉行

大方等大集經不可說菩薩品第八

尒時世尊故在欲色二界中間大寶坊中與
諸大衆圍遶說法是時會中有一菩薩名不
可說從坐而起更整衣服偏袒右肩前礼佛
足長跪合掌而說偈讚

无㝵智慧无㝵行　如虚空性不可說
三世平等无覺觀　我今敬礼无上尊
觀於无相樂寂靜　調伏諸根遠離相
了諸法性无有二　我礼人中師子王
觀衆生性及法性　如是二性无差別
等心觀於諸衆生

无相莊嚴莊嚴相　我今敬礼无上尊
一切法界无覺觀　凡夫觀之有相行
法界之性不破壞　佛真實智故我礼
如來身業不可說　口業等業亦如是
一切法性及衆生　无上勝尊了了知
如來住於真實地　所可演說无聲字
衆生樂聞得大利　是故如來難思議
所說諸法无相貌　調伏衆生斷諸有
善說衆生法性空　是故我礼大丈夫
尒時不可說菩薩偈讚佛已白佛言世尊此
會菩薩各各當已已諮請竟我今於是大集
經中復欲少問唯願如來垂哀聽許佛言善

BD01143　大方等大集經（异卷）卷一四

經中復欲少問唯願如來垂哀聽許佛言善
哉善哉善男子隨意致問吾當為汝分別解
說尒時不可說菩薩記蒙許可即入定意入
定意已忘令大衆處大寶臺上虛空中而散
華香種種伎樂而以供養復出是聲是不可
說菩薩摩訶薩今於是中欲問大事尒時不
可說菩薩摩訶薩白佛言世尊諸佛菩提清
淨寂靜大淨无垢无闇大光真實如尒其性
平等微妙甚深无有覺觀遠離諸垢不可宣
說无字无句无有音聲廣大无量无有邊際
離一切邊不增不減不前不却无有住心无
峻无平无有无无堅固无壞我无我所无取

地水火風无有邊際不可量度平等遍有无
有鄣㝵猶如虗空非眼識界乃至非意識界
斷一切有不可辟喻離一切喻如一切佛真
實知故非不是知何以故一切衆生皆悉淂
故非異於如何以故一切衆生悉平等故其
性是有何以故是實性故其性是實何以故
无有去来現在莭故无作无受无色无心无
相无受斷一切受无想斷想无行斷行无識
斷識无陰入界斷陰入界无初中後離諸魔
業无有流布无漏非攝非行非用无諍无罪
常住自性无有分別无生无能生滅无能生
滅无有根本无上无下无有屋宅无方无聞

BD01143　大方等大集經（异卷）卷一四

藏无有根本无上无下无有屋宅无方无聞
非智非慧々非慧行非諦非攝非生死攝无
有對治无具功德遠離諸相世尊若如是義
名菩提者即无變句即无覺句即无貪句即
无諍句即堅固句即不壞句即不動句即不
作句即无身句即无生句即无增句即平等
句即无二句即是實句有句真句第一義句
无分別句一味句一事句一乘句无盡句三
世平等句分別三世句空句无想句无願句
无行句穷靜句性句如句无生句无出句盡
句无屋宅句法句實性句自身性句无身句
无作句无想句无諍句无斷句无常句十二

依句念句无相似句勝一切世間句无句句
一切句之所依句如是菩提非青非黄非赤
非白非色非色非長非短非圓非方无有
非三界攝非道非畢竟非行非到非有
處所非取非捨離諸煩惱无有愁畏斷一切
書无真无化離一切入无我我所无有衆生
壽命士夫无量无邊不可思議无有分界猶
如虚空其性畢竟不可宣說成就如是无量
之法乃名菩提說是法時三千大千世界大
地六種振動一切諸天大設供養香華伎樂
各作是言善哉善哉善男子快作是說尒時
會中有八万四千菩薩得无盡器陁羅尼一

BD01143　大方等大集經（异卷）卷一四

會中有八万四千菩薩淂无盡器陁羅尼一
切法自在三昧无㝵解脫法門若有人能如
是信者是人亦當淂是法利

大集經卷第十四

BD01144

千手千眼觀世音菩薩廣大圓滿無礙大悲心陀羅尼經

（唐）伽梵達摩 譯

BD01144v

雜寫

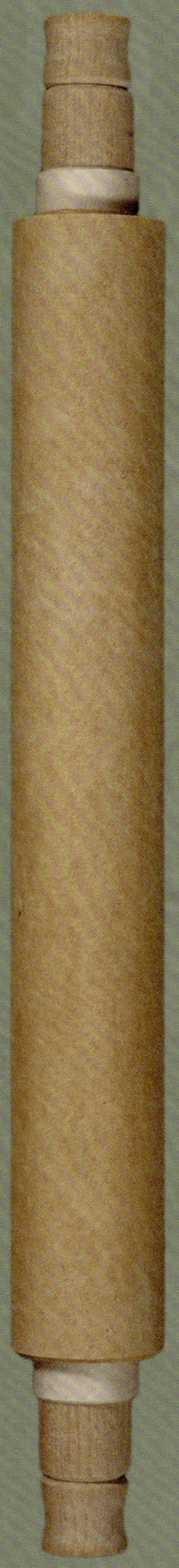

156.6cm × 24.8cm

死重罪重白人
章句者臨命終時十方諸佛皆来授手欲生
何等佛土隨願皆得往生復白佛言世尊若
諸衆生誦持大悲神呪墮三悪道者我誓不
成正覺誦持大悲神呪者若不生諸佛國我
誓不成正覺誦持大悲神呪者若不得無量
三昧辯才者我誓不成正覺誦持大悲神
呪者於現在生中一切所求若不果遂者不
得名為大悲心陁羅尼也唯除不善除不志誠
若諸女人猒賤女身欲得成男子身誦持大
悲陁羅尼章句者若不轉女身成男子者我
誓不成正覺生少疑心者必不果遂也若諸衆

侵損用常住飲食財物要對十方師懺謝
然始除滅今誦大悲陁羅尼十方師即來為
作證明一切罪鄣悉皆消滅一切十惡五逆
謗人謗法破齋破戒破塔壞寺偷僧祇物汙
淨梵行如是等一切惡業重罪悉皆滅盡唯
除一事於呪生疑者乃至小罪輕業亦不得
滅何況重罪雖不即滅重罪猶能遠作菩提
之因復白佛言世尊若諸人天誦持大悲心
神呪者得十五種善生不受十五種惡死其
惡死者一者不令其人飢餓困苦死二者不
為枷禁杖楚死三者不為怨家讎對死四者
不為軍陣相煞死五者不為虎狼惡獸殘害
死六者不為毒虵蚖蝎所中死七者不為水

BD01144　千手千眼觀世音菩薩廣大圓滿無礙大悲心陀羅尼經

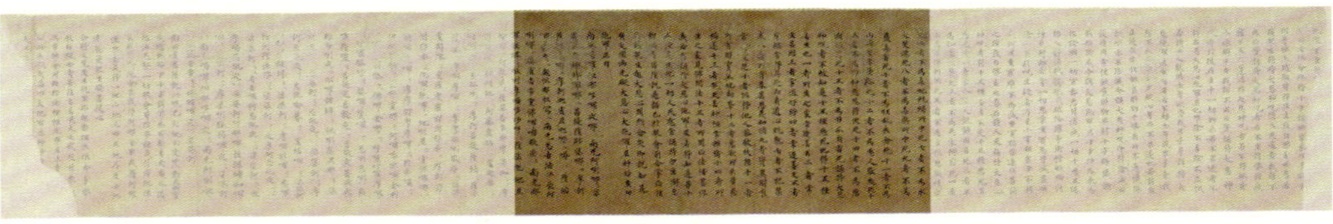

死六者不爲毒虵蚖蝎所中死七者不爲水
火焚漂死八者不爲毒藥所中死九者不爲
蠱毒害死十者不爲狂乱失念死十一者不爲
山樹崖岸墜落死十二者不爲惡人猒魅死十
三者不爲邪神惡鬼得便死十四者不爲惡
病纏身死十五者不爲非分自害死誦持大悲
神呪者不被如是十五種惡死也得十五種
善生也一者所生之處常逢善王二者常
生善國三者常值好時四者常逢善友五者
身根常得具足六者道心純熟七者不犯禁
戒八者所有眷屬恩義和順九者資具財食
常得豐足十者恒得他人恭敬扶接十一者

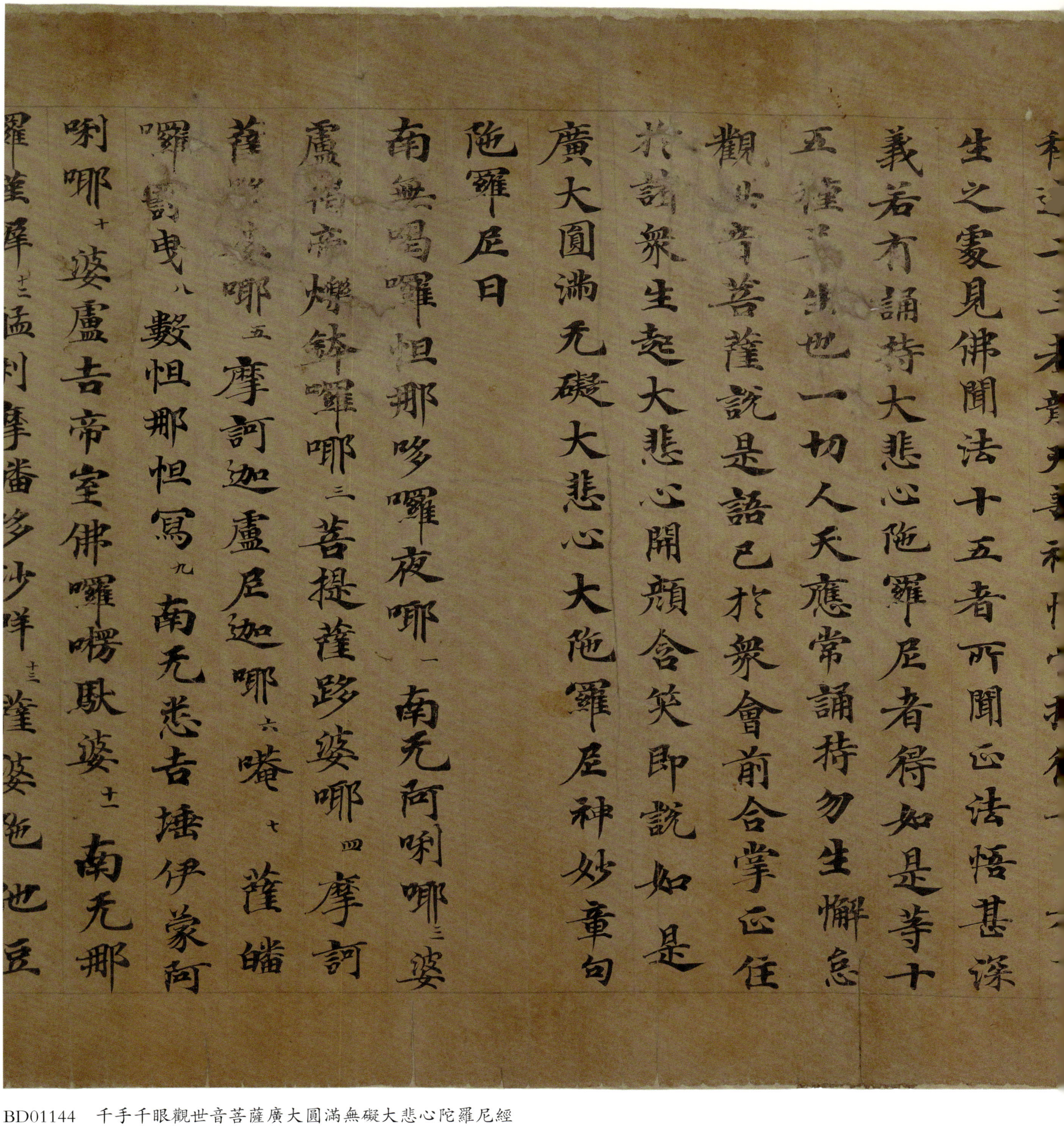

生之處見佛聞法十五者所聞正法悟甚深
義若有誦持大悲心陁羅尼者得如是等十
五種善生也一切人天應常誦持勿生懈怠
觀世音菩薩說是語已於衆會前合掌正住
於諸衆生起大悲心開顔含笑即說如是
廣大圓滿无礙大悲心大陁羅尼神妙章句
陁羅尼曰
南無喝囉怛那哆囉夜耶一 南无阿唎耶二婆
盧羯帝爍鉢囉耶三 菩提薩埵婆耶四 摩訶
薩埵婆耶五 摩訶迦盧尼迦耶六 唵七 薩皤
囉罰曳八 數怛那怛寫九 南无悉吉埵伊蒙阿
唎耶十 婆盧吉帝室佛囉愣馱婆十一 南无那
囉謹墀十二 醯利摩皤哆沙咩十三 薩婆阿他豆

BD01144　千手千眼觀世音菩薩廣大圓滿無礙大悲心陀羅尼經

囉謹墀十二醯唎摩皤哆沙咩十三薩婆陁他豆
輸朋十四阿逝孕十五薩婆菩多那摩婆伽十六摩
罰特豆十七怛姪他十八阿婆盧醯十九盧迦帝二十
迦囉帝廿一夷醯唎廿二摩訶菩提薩埵廿三薩婆
薩婆廿四摩囉摩囉廿五摩摩醯唎馱孕廿六俱俱
盧羯懞廿七度盧度盧罰闍耶帝廿八摩訶罰
闍耶帝廿九陁囉陁囉卅地唎尼卅一室佛囉耶卅二
遮囉遮囉卅三摩摩罰摩囉卅四穆帝囇卅五
伊醯伊醯卅六室那室那卅七阿囉嘇佛囉舍利
卅八罰娑罰嘇卅九佛囉舍耶四十呼嚧呼嚧摩囉
卌一呼嚧醯呼卌二娑囉娑囉卌三悉唎悉唎卌四穌
嚧穌嚧卌五菩提夜菩提夜卌六菩馱夜菩馱夜卌七
彌帝唎夜卌八那囉謹墀卌九地唎瑟尼那五十婆

[illegible]摩[illegible]娑婆訶[illegible]悉陀夜[illegible]娑婆訶[illegible]
訶悉陀夜 五十五 悉陀喻藝 五十六 室皤囉 五十七 娑婆訶
五十八 那羅謹墀 五十九 娑婆訶 六十 摩囉那囉 六十一 悉囉
僧何穆佉耶 六十二 娑婆訶 六十三 波摩阿悉陀夜 六十四
娑婆訶 六十五 者吉囉阿悉陀夜 六十六 娑婆訶 六十七 波
摩羯悉陀夜 六十八 娑婆訶 六十九 那囉謹墀皤伽囉
㖿 七十 娑婆訶 七十一 摩婆唎勝羯囉夜 七十二 娑婆訶
七十三 南无喝囉怛那哆囉夜 七十四 南无阿唎㖿
七十五 婆盧吉帝 七十六 爍皤囉夜 七十七 娑婆訶
觀世音菩薩說此呪已大地六變震動天雨寶
花繽紛而下十方諸佛悉皆歡喜天魔外道
恐怖毛竪一切衆會皆獲果證或得須陁洹
果或得斯陁含果或得阿那含果或得阿羅
漢果者或得一地二地三地四地五地乃至十地

BD01144 千手千眼觀世音菩薩廣大圓滿無礙大悲心陀羅尼經

果或得斯陁含果或得阿那含果或得阿羅
漢果者或得一地二地三地四五地乃至十地
者無量衆生發菩提心
尒時大梵天王從坐而起整理衣服合掌恭
敬白觀世音菩薩言善哉大士我從昔来經
無量佛會聞種種法種種陁羅尼未曾
如此無礙大悲心大陁羅尼神妙章
大士爲

BD01144v　雜寫

BD01144v　雜寫

BD01145 大智度論（异品）卷一一

龍樹 造

（後秦）鳩摩羅什 譯

BD01145v 雜寫

1192.5cm × 28cm

…生象殊絕是時二人筆受
…虛實豫有金地商人遠來摩
…顯驗之果如師語乃極並歎
射爲是師隱我耶二人相与
齧要必同味是時佛度迦葉
遊諸國到王舍城頓止竹薗二
…出世俱入王舍城欲知消息余
丘名阿說示（是之）着衣持鉢入城乞
其儀服異容諸根靜嘿就而問
言汝誰弟子師是何人答言釋種太子猒老
病死苦出家學道得阿耨多羅三藐三菩提
是我師也舍利弗言汝師教授爲我說之即
偈言

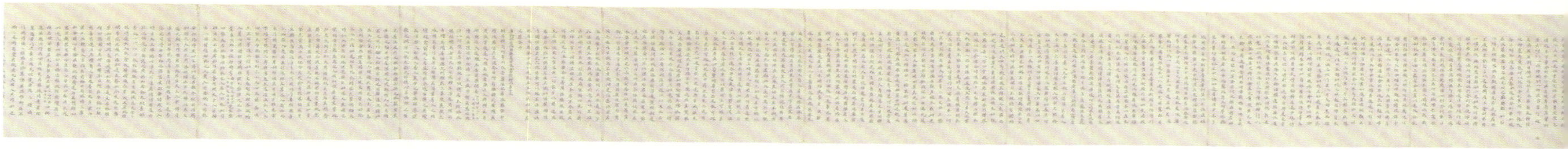

舍利弗言略說其要尒時阿說示比丘說此
偈言
舍利弗聞此偈已即得初道還報目連目連
見其顏色和悅迎謂之言汝得甘露味耶為
我說之舍利弗即為其說向所聞偈目連言
更為重說即復為說亦得初道二師與二百
五十弟子俱到佛所佛遥見二人與弟子俱
來告諸比丘汝等見此二人在諸梵志前者
不諸比丘言已見佛言是二人者是我弟子
中智慧第一神足第一弟子大衆俱來以漸
近佛既到稽首在一面立俱白佛言世尊我
等於佛法中欲出家受戒佛言善來比丘即
時鬚髮自落法服著身衣鉢具足受成就戒

時鬚髮自落法服着身衣鉢具足受成就戒
過半月後佛爲長爪梵志說法時舍利弗得
阿羅漢道所以半月後得道者是人當作逐
佛轉法輪師應在學地現前自入諸法種種
具知是故半月後得阿羅漢道如是等種種
功德甚多是故舍利弗唯得阿羅漢佛以是
般若波羅蜜甚深法爲舍利弗說問曰若尒
者何以初少爲舍利弗說後多爲須菩提說
若以智慧弟一故應爲說復何以爲須菩提
說答曰舍利弗佛弟子中智慧弟一須菩提
於弟子中得无諍三昧最弟一无諍三昧相
常觀衆生不令心惱多行憐愍諸菩薩者弘
大誓願以度衆生憐愍相同是故命說復次
[illegible]

中住自思惟佛從忉利天下我當至佛所耶
不至佛所耶又念言佛常說若人以智慧眼
觀佛法身則為見佛中最是時以佛從忉利
下故閻浮提四部衆集諸天見人人亦見天
坐中有佛及轉輪聖王諸天大衆會衆莊嚴
先未曾有須菩提心念今此大衆雖復殊特
勢不久停磨滅之法皆歸无常因此无常觀
之初門悉知諸法空无有實作是觀時即得
道證尒時一切衆人欲先求見佛禮敬供養
有華色比丘尼欲除惡名便化為轉輪聖王
及七寶千子衆人見之皆避坐起去化王到
佛所已還復本身為比丘尼最初禮佛是時
佛告比丘尼非汝初禮須菩提最初禮我所

佛所已還次第身爲比丘尼冣初礼佛是時
佛告比丘尼非汝初礼須菩提冣初礼我所
以者何須菩提觀諸法空是爲見佛法身得
真供供養養中冣非以致敬生身爲供養也
是故須菩提常行空三昧與般若波羅蜜
空相相似是故佛令命說般若波羅蜜復次
佛以衆生信敬阿羅漢諸漏已盡命之爲說
衆得淨信故諸菩薩漏未盡者以爲證諸人
不信以是故與舍利弗須菩提共說般若波
羅蜜問曰何以名舍利弗爲是父母所作字
爲是依行功德立名答曰是父母所作名字
於閻浮提中第一安樂有摩伽陁國是中有
大城名王舍王名頻婆娑羅有拔羅門論議
師名摩陁羅王以其人善能論故賜封一邑

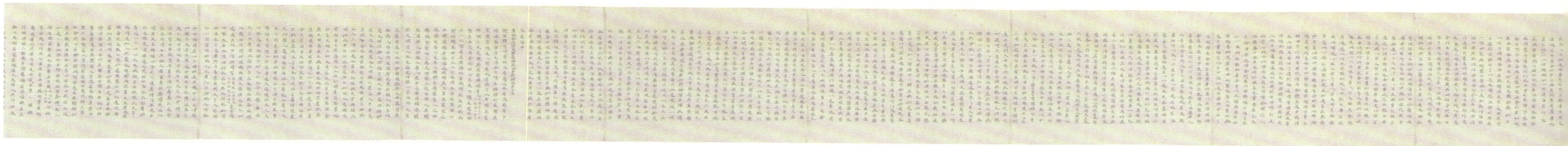

似舍利鳥眼即名此女爲舍利次生一男膝
骨麁大名拘拘郗郗羅羅（秦言大膝）是婆羅門既有
居家畜養男女所學經書皆以廢忘又不脩
業新是時南天竺有一婆羅門大論議師字
提舍於十八種大經皆悉通利是人入王舍
城頭上戴火以銅鍱腹人問其故便言我所
學經書甚多恐腹破裂是故鍱之又問頭上何
以戴火答言以大闇故衆人言日出照明何
以言闇答言闇有二種一者日光不照二者
愚癡闇弊故今雖有日明而愚癡猶黑衆人
言汝但未見婆羅門摩陀羅汝若見者腹當
縮明當闇是婆羅門逕至鼓邊打論議鼓國
王聞之問是何人衆臣答言南天竺有一婆

王聞之問是何人衆臣荅言南天竺有一據
羅門名提舍大論議師欲求論處故打論鼓
王大歡喜即集衆人而告之曰有能難者与
之論議摩陁羅聞之自疑我以廢忘又不復
業新不知我今能与論不欲免而來於道中
見二特牛方相牴觸心中作想此牛是我彼
牛是彼以此爲占知誰得勝此牛不如便大
愁憂而自念言如是相者我將不如欲入衆
時見有女人挾一瓶水正在前蹶地破瓶復
作是念是亦不吉甚大不樂既入衆中見破
論師顏狠意色勝相具足自知不如事不獲
已与共論議論議既交便墮負處王大歡喜
大聰明人遠入我國復欲封一聚落諸臣議

應奪其封以与勝者若更有勝人復以与之
王用其言即奪与彼人是摩陁羅語提舍言
汝是聰明人我以女妻汝男兒相累今故遠
出他國以求本志提舍納其女為婦其婦懷
任夢見一人身被甲冑手執金剛摧破諸山
而在大山邊立覺已白其夫言我夢如是提
舍言汝當生男摧伏一切論議師唯不勝一
人當与作弟子舍利懷任以其子故母亦聰
明大能論議其弟拘郗羅与姊談論每屈不
如知所懷子必大智慧未生如是何況出生
即捨家學問至南天竺要不揃抓讀十八種
経書皆令通利是故時人名為長抓梵志姊
子既生七日之後裹以白疊示其其父父思

經書皆令通利是故時人名爲長爪梵志姊
子既生七日之後裹以白疊示其其父父思
惟我名提舍逐我名字字爲憂婆提舍憂婆
秦言逐提舍舍星名也提是爲父母作字衆人以其舍利所
生皆共名之爲舍利弗秦言子也復次舍利弗世
世尊須於釋迦牟尼佛所作智慧第一弟子
字舍利弗是爲尊須因緣名字以是故名舍
利弗問曰若爾者何以不名憂婆提舍而但
言舍利弗答曰時人貴重其母於諸女中聰
明第一以是因緣故名舍利弗
菩薩摩訶薩欲以一切種智一切法當習行
般若波羅蜜菩薩摩訶薩義如先讚菩菩薩
品中說問曰云何名一切種智云何名一切
法答曰智慧明多爲[illegible]

門觀諸法今以一切智門入一切種觀一切法是名一切
種種者如凡夫八種觀欲求離欲離色故觀
欲界不淨麤惡狂惑濁重麤朴如病如創如
刺如癰如箭患戚是為八種十六觀中若
四種无常苦空无我觀苦因種集因緣生觀
苦盡四種盡滅妙出觀道四種道正行能出
出入息中十六種一入息二出息三息長短
四念息遍身五除諸身行六受喜七受樂八
受諸心行九作喜十心作攝十一心作解脫
十二觀无常十三觀出散壞十四觀離欲十
五觀盡十六觀棄捨復有六種念念佛者佛
多陁阿伽度阿羅呵三藐三佛陁如是等十
號五念然如是世智出世智阿羅漢辟支佛

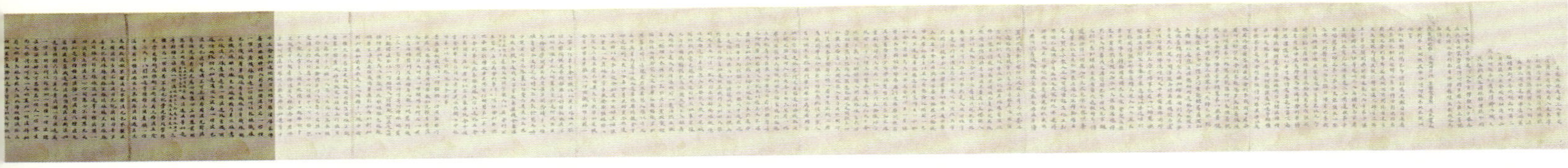

另五念所如是世智出世智阿羅漢辟支佛
菩薩佛智種種分別用知諸法名為一切種
一切法者識緣物是一切法何以故眼識緣
色耳識緣聲鼻識緣香舌識緣味身識緣觸
意識所緣眼所緣色所緣眼識乃至所緣意
所緣法所緣意識是名一切法是故言識所
緣物智緣物所如是復次二法名一切法色
法无色法可見法不可見法有對法无對法
有漏无漏有為无為心相應心不相應業相
應業不相應心法中除思餘盡業相應即是思故近法遠法等如是
等種種二法攝一切法現在及无為是名近法未來復有過去是名遠法三
種法名一切法善不善无記學无學非學非
无學見諦斷思惟斷不斷復有三種法五陰
十二入十八持如是等種種三法攝一切

來現在法故界繫法色界繫法无色界繫法
不繫法因善法不善法因无記法非因善不
善无記法緣緣法緣不緣法緣緣不不緣緣
法非緣然非不緣緣法如是等四種法攝一
切法有五種法色心心相應心不相應无爲
法如是等種種五法攝一切法有六種法見
苦斷法見集滅道斷法思惟斷法不斷法如
是等種種六法乃至无量法攝一切法是爲
一切法問曰何以故欲知一切種一切法諸
法甚深微妙不可思議若一切人一切衆生
尚不能得知何況一人欲盡知一切法譬如
有人欲量大地及數大海水滴欲稱須弥山
欲知虛空邊際如是事皆不可知云何欲以

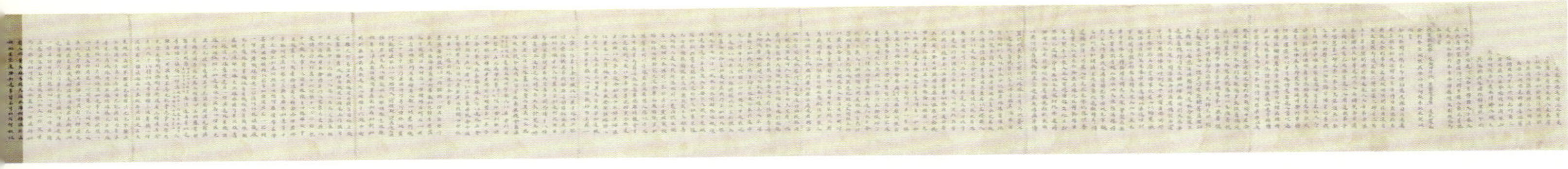

有人欲量大地及數大海水滴欲稱須彌山
欲知虛空邊際如是事皆不可知云何欲以
一切種知一切法荅曰愚癡闇蔽甚大苦智
慧光明最為樂一切眾生皆不用苦但欲求
樂是故菩薩求一切第一大智慧一切種觀
欲知一切法是故菩薩發大心普為一切眾
生求大智慧是故欲以一切種知一切法如
醫為一人二人用一種二種藥則足若欲治一
切眾生病者當須一切種藥菩薩亦如是欲
度一切眾生故欲知一切種一切法如諸法
甚深微妙无量菩薩智慧亦甚深微妙无量
先荅破一切智人中以廣說如由大蓋亦无
復次若不以理求一切法則不可得若以理

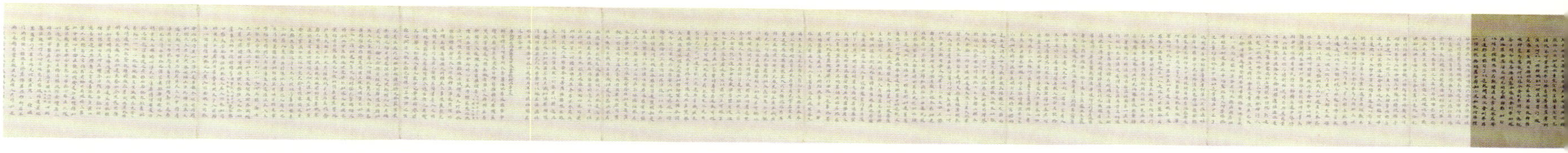

智无大神力則不能知若神通力大則知三
千大千土地邊際今此大地在金剛上三千
大千國土四邊則虛空是為知地邊際欲稱
須弥山斤如是欲量虛空非不能量虛空无
法故不可量舍利弗白佛言世尊菩薩摩訶
薩云何欲以一切種智知一切法當習行般
若波羅蜜問曰佛欲說般若波羅蜜故種種
現神變即應說何以故令舍利弗問而後說
答曰問而後答佛法應尒復次舍利弗知般
若波羅蜜甚深微妙无相之法難解難知自
以智力種種思惟若觀諸法无常是般若耶
不退耶不能自了以是故問復次舍利弗非
一切知於佛智慧中譬如小兒如說阿婆檀

一切知於佛智慧中譬如小兒如説阿婆檀
經中佛在祇洹住晡時經行舍利弗從佛經
行是時有鷹逐鴿鴿飛來佛邊住佛經行過
影覆鴿上鴿身安隱怖畏即除不復作聲後
舍利弗影到鴿便作聲戰怖如初舍利弗白
佛言佛及我身俱无三毒何因緣佛影覆鴿
鴿便无聲不復恐怖我影覆上鴿便作聲戰
慄如故佛言汝三毒習氣未盡以是故汝影
覆時恐怖不除汝觀此鴿宿世因緣幾世作
鴿舍利弗即入宿命智三昧觀此鴿從鴿中
來如是一二三世乃至八万大劫常作鴿身
過是以往不能復見舍利弗從三昧起白佛
言是鴿八万大劫中常作鴿身過是以前不
能復知佛言汝若不能[illegible]

觀見此鴿一二三世乃至八万大劫未脫鴿
身過是以往亦不能知從三昧起白佛言我
見此鴿從一世二世乃至八万大劫未免鴿
身過此以往不復能知我不知過去未来齊
限不審此鴿何時當脫佛告舍利弗此鴿除
諸聲聞辟支佛所知齊限復於恒河沙等大
劫中常作鴿身罪訖得出輪轉五道中後得
為人經五百世乃得利根是時有佛度无量
阿僧祇衆生然後入无餘涅槃遺法在世是
人作五戒優婆塞從比丘聞讚佛功德於是
初發心願欲作佛然後於三阿僧祇劫行六
波羅蜜十地具足得作佛度无量衆生已入
无餘涅槃是時舍利弗向佛懺悔白佛言我

无餘涅槃是時舍利弗向佛讖悔白佛言我
於一偈尚不能知其本末何况諸法我若知
佛智慧如是者為佛智慧故寧入阿鼻地獄
受无量刧苦終不中悔如是等諸法中不了
故問佛告舍利弗菩薩摩訶薩以不住法住
般若波羅蜜中无所捨法具足檀波羅蜜施
者受者及財物不可得故問曰般若波羅蜜是
何等法答曰有人言无漏慧根是般若波羅
蜜相何以故一切慧中第一慧是名般若波
羅蜜无漏慧根是第一以是故无漏慧根名
般若波羅蜜問曰若菩薩未斷結云何得行
无漏慧答曰菩薩雖未斷結行相似无漏般
若波羅蜜是故得名行无漏般若波羅蜜辟

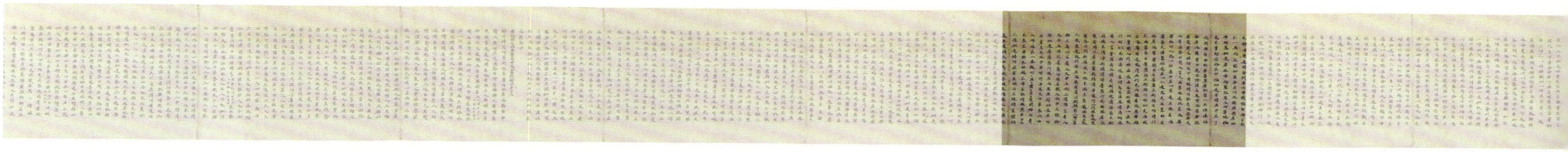

有人言菩薩有二種有斷結使清淨有未斷
結使不清淨斷結清淨菩薩行无漏般若波
羅蜜問曰若菩薩斷結清淨復何以行般若波羅
蜜荅曰唯斷結使十地未滿未莊嚴佛土未教
化衆生是故行般若波羅蜜復次斷結有二種一者
斷三毒心不着人天中五欲二者唯不着人
天中五欲於菩薩功德果報五欲中未能捨
離如是菩薩應行般若波羅蜜譬如長老阿
泥盧豆在林中坐禪時淨愛天女輩來以女
人端政第一來識阿々泥々盧々豆々言諸姉作青
色來不用雜色欲觀不淨不能得觀黃赤白色
亦復如是時阿泥盧豆閉目不視語言諸姉
遠去是時天女即滅不現天福報之形猶尚

BD01145　大智度論（异品）卷一一

遠去是時天女即滅不現天福報之形猶尚
如是何況菩薩无量功德果報五故又如甄
陀羅王与八万四千甄陀羅来到佛所彈琴
歌頌以供養佛尒時須弥山王及諸山樹木
人民禽獸一切皆儛佛邊大衆乃至大迦葉
皆於坐上不能自安是時天須菩提菩薩問長
老大迦葉耆年先宿舊行阿蘭若法第一何
以在坐不能自安大迦葉言三界五欲不能
動我是菩薩神通功德果報力故令我如是
非我有心不能自安譬如須弥山四邊風起
不能令動至大劫盡時毗藍大風起如吹爛
草以是故知二種結中一種不斷如是輩菩
薩應以行般若波羅蜜是阿毗曇中如是說又

而諸煩惱未斷是故言諸菩薩般若波羅蜜
是有漏智慧又有人言從初發意乃至坐道
樹下於其中間所有智慧是名般若波羅蜜
成得佛時是般若波羅蜜轉名薩婆若又
有人言菩薩有漏无漏智慧揔名般若波羅
何蜜以故菩薩觀涅槃行佛道以是事故菩
薩智慧應是无漏以未斷結使事未成辦
故應名有漏又有人言菩薩般若波羅蜜无
漏无為不可見无對又有人言是般若波羅
蜜不可得相若有若无若常若无常若空若
實是般若波羅蜜衆界入所不攝故非有為
非无為非法非非法无取无捨不生不滅出
有无四句適无所著譬如火炎四邊不可觸

有无四句過无所着譬如火炎四邊不可觸
以燒手故般若波羅蜜相亦如是不可觸以
邪見燒故問曰上種種人說般若何者是實
答曰諸人言各各有理皆是實如經說五百
比丘各各說二邊及中道義佛言皆有道理
有人言末後答者是實所以者何不可破不
可壞故若有法如毫氂許者皆有過失可破
若言无亦可破此般若中有亦无无亦无非
有非无亦无如是言說亦无是名寂滅滅无
量戲論法是故不可破不可壞是名真實般
若波羅蜜最勝无過者如轉輪聖王降伏諸
敵而不自高般若波羅蜜亦如是能破一切
語言戲論亦不有所破復次從此以後品品
中種種義門說般若波羅蜜皆是實相如是

具足六波羅蜜問曰云何名不住法住般若
波羅蜜中能具足六波羅蜜答曰如是菩薩
觀一切法非常非无常非苦非樂非虛非實
非无我非生滅非不生滅如是住甚深般若
波羅蜜中於般若波羅蜜相亦不取是名不
住法住若不取般若波羅蜜相是為以不住
法住問曰若不取般若波羅蜜相心无所著
如佛所言一切諸法欲為其本若不取者云
何得具足六波羅蜜答曰菩薩憐愍衆生故
先立誓願我必當度脫一切衆生以精進波
羅蜜力故雖知諸法不生不滅如涅槃相復
行諸功德具足六波羅蜜何以故不住法住
般若波羅蜜中故以是故名不住法住般若

般若波羅蜜中故以是故名不住法住般若
波羅蜜中
摩訶般若波羅蜜憂婆提舍中讚檀品第十五
問曰檀有何等利故菩薩住般若波羅蜜中
檀波羅蜜具足滿答曰檀有種種利益檀爲
寶藏常隨逐人檀爲破苦能与人樂檀爲善
御開示天道檀爲善府攝諸善人施攝善人与爲因緣故言攝之
檀爲安隱臨命終時心不畏怖檀爲慈相能
濟一切檀爲集樂能破苦賊檀爲大將能伏
慳敵檀爲妙果天人所愛檀爲淨道賢聖所
由檀爲積善福德之門檀爲立事衆聚衆之
緣檀爲善行愛果之種檀爲福業善人之相
檀破貧窮斷三惡道檀能全護福樂之果檀

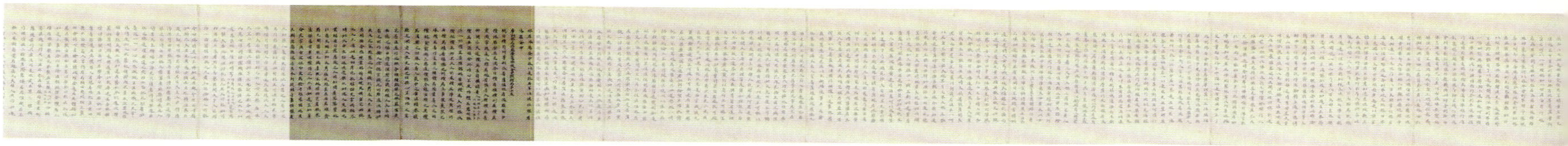

宅善法道行之根本種種歡樂之林藪富貴
安隱之福田得道涅槃之資粮賢人大士智
者之所行餘人儉德寡識之所効復次譬如
失火之家黠慧之人明識形勢及火未至急
出財物舍雖燒盡財物不燒更脩室宅好施
之人亦復如是知身危脆財物无常脩福及
時如火中出物後世受樂亦如彼人更脩宅
業福吉自慰愚惑之人但知惜屋怱怱營救
狂愚失智不知火勢猛風絕炎土石為燋翕
響之間蕩然已滅屋既不救財物亘盡飢寒
凍餓憂苦畢世慳惜之人亦復如是不知身
命无常須臾叵保而更聚斂守護愛惜死至
无期忽焉逝沒形與土木同流財與委物俱遣

BD01145　大智度論（异品）卷一一

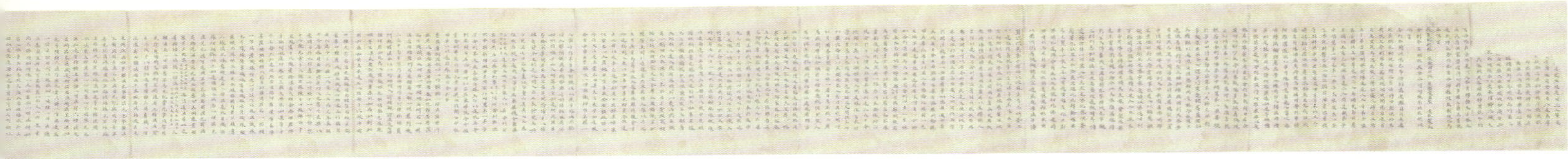

无期忽焉逝浚与土木同流財与妻物俱盡
忽如愚人褁若失計復次大慧之人有心之
士乃能覺寤知身如幻財不可保万物无常
唯福可恃賢人出若律通大道復次大人大
心能大布施能自利已小人〻心不能益他
忽不自厚復次譬如勇士見敵必期存滅殞
人慧心深得理慳賊雖強忽能挫之必令如
意愚良福田值好時節時應施之時已過而不施是名失也覺事應
心能大布施復次好施之人為人所敬如月
初出无不愛者好名善譽周聞天下人所歸
仰一切皆信好施之人貴人所念賤人所敬
命欲終時其心不怖如是果報今世所得譬
如樹花大果无異後世福也生死轉往來五

施之所得也布施之德富貴歡樂持戒之人
得生天上禪智心淨无所染著得涅槃道布
施之福是涅槃道之資粮也念施故歡喜歡
喜故一一心心故觀觀生生滅滅无无常ㄟ
故得道如人求蔭故種樹或求華或求菓故種
樹布施求報亦復如是求蔭如今世後世樂
華如聲聞辟支佛道菓如佛是為布施種
種功德問曰云何名檀荅曰檀名布施心相
應善思是名為檀有人言從善思起身業口
業亦名檀有人言信有有福田有財物三事
和合時心生捨法能破慳貪是名為檀辟如
慈法觀衆生樂而生慈心布施心數法亦復
如是三事和合心生捨法能破慳貪檀有三

如是三事和合心生捨法能破慳貪檀有三
種若欲界繫若色界繫若不繫聖人行施故名不繫心相
應法隨心行共心生非色法能緣非業業相
應隨業行共業生非先世業報生應二種修
行修得修二種證身證慧證若思惟斷若不
斷二見斷有覺有觀法凡夫聖人共行如是
等阿毗曇中廣分別復次施有二種有淨有
不淨不淨施者愚癡施无所分別或有為求
財故施或愧人故施或為嫌責故施或畏懼
故施或欲取他意故施或畏死故施或誑或
人令喜故施或自以富貴故應施或諍勝故
施或妬瞋故施或憍慢故自高故施或為名
譽故施或為[illegible]自故施或[illegible]

種種名為不淨施淨施時者　上相違名為淨
施復次為道故施清淨心生无諸結使不求
今世後世報恭敬供養故是名淨淨施施是
趣涅槃道之資粮是故言為道故施若未得
涅槃時施是人天報樂之因淨施者如華瓔
珞初成未壞香潔鮮明為涅槃淨施得果報
香亦復如是如佛說世有二人為難得一者
出家中非時解脫比丘二者在家白衣能有
清淨布施是淨施相乃至无量世世世不失
譬如券要終无失時是布施果報因緣和合
時便有譬如樹得時節會便有花葉菓實若
時節未至有因而无菓是布施法若以求道
能与人道何以故結使滅名涅槃當布施時

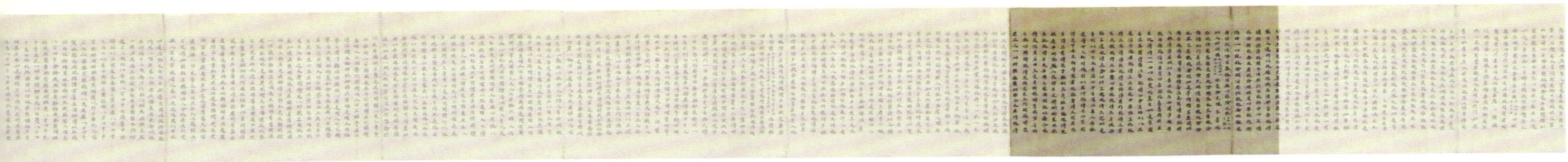

時尊者至有臣所无尊是布施法若以求道
能与人道何以故結使滅名涅槃當布施時
諸煩惱薄故能助涅槃於所施物中心不惜
故除慳貪念取著故除嫉妬直心布施故除
諂曲一心施故除調戲深思惟施故除悔觀受
著功故作除不恭敬自攝心故除无慚自恭治故言攝心
知人好功德見功德人恨而敬之故言知故受除无愧不著財
物故除愛慈愍受者故除瞋恭敬受者故除
憍慢知行善法故除无明信有果報故除邪
見決定有報故除疑如是等種種不著諸煩
惱布施時悉皆薄種種善法悉皆得布施時
六根清淨善欲心生善欲故內心清淨觀果
報功德故信心生身心柔濡故喜喜樂樂生
故得得一心心故實智慧生如是等者

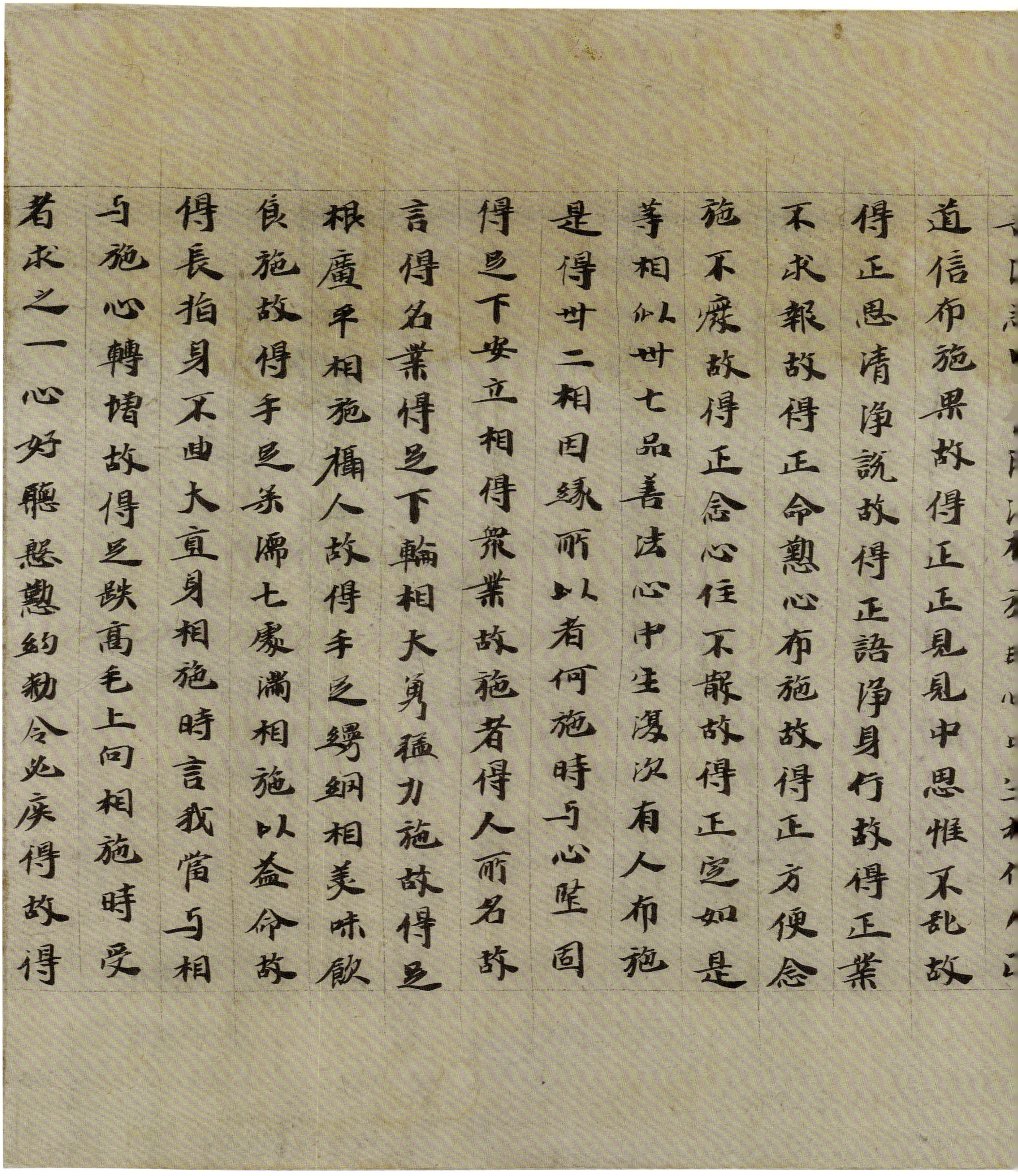

道信布施果故得正正見見中思惟不亂故
得正思清淨說故得正語淨身行故得正業
不求報故得正命懃心布施故得正方便念
施不癈故得正念心住不散故得正定如是
等相似卅七品善法心中生復次有人布施
是得卅二相因緣所以者何施時与心堅固
得足下安立相得衆業故施者得人所名許
言得名業得足下輪相大勇猛力施故得足
根廣平相施攝人故得手足縵網相美味飲
食施故得手足柔濡七處滿相施以益命故
得長指身不曲大直身相施時言我當与相
与施心轉增故得足趺高毛上向相施時受
者求之一心好聽慇懃約勑令必疾得故得

者求之一心好聽慇懃約勑令必庚得故得
伊泥延蹲相不瞋不輕求者故得髀長過膝
相如求者意施不待言故得陰藏相好衣服
卧具金銀珎寶施故得金色身薄皮相施時
遍可前人起自在業因緣故得一一孔一毛
生相眉間白毫相已者求之即言當与以是
業故得上身如師子相肩圓相病者施藥飤
渴者施飲食起少病業因緣故得兩腋下滿
相最上味相施時勸人行施而安慰之開布
施道故得肉結相身圓如尼拘盧相有乞求
者意欲与時柔濡實語必与不虛故得廣長
舌相梵音聲相如迦毗羅鳥聲相施時如實
語利益語故得師子頰相施時恭敬受者心
清淨故得[illegible]

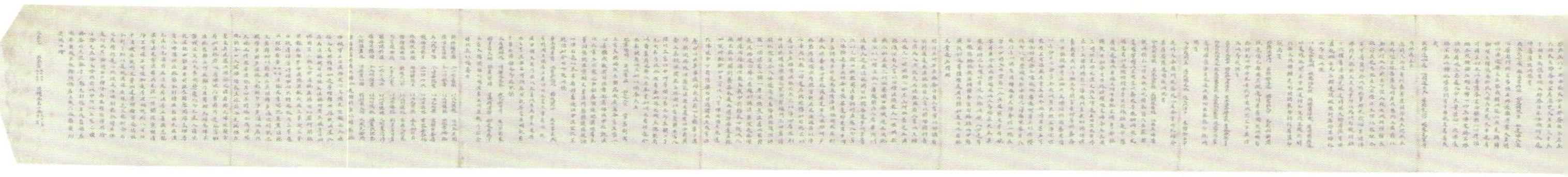

修故得青眼相眼睫如牛王相是為種卅二
相因緣復次以七寶人民車乗金銀燈燭房
舍香華布施故得作轉輪聖王七寶具足復
次施得時故報得增多如佛説施遠行人遠
來人病人看病人風寒衆難時施是為時施
復次布施時隨土地所須施故得報增多曠
路中施故得福增多復次常施不廢故得福
報增多如求者所欲施故得福增多施物重
故得福增多如精舍薗林浴池等若施善人故
得報增多若施僧故得報增多若施受者俱
有功德（如菩薩及佛慈心布施是為施者若施佛及菩薩阿羅漢辟支佛是為受者也）故得報
增多種種將迎恭敬受者故得福增多難得物
施故得福增多隨所有物盡能布施故得福

施故得福增多隨所有物盡能布施故得福
增多譬如大月氏弗迦羅城中有一畫師名
千那到東方多刹施羅國客畫十二年得卅
兩金持還本國於弗迦羅城中聞打鼓作大
會聲往見衆僧信心清淨即問維那此衆中
幾許物得作一日食維那答言卅兩金足得
一日食即以所有卅兩金付維那爲我作一
日食我明日當來空手而歸其婦問曰十二
年作得何等物答曰我得卅兩金即問卅兩
金今在何所答曰以在福田中種婦言何等
福田答曰施與衆僧婦便縛夫送官治罪
斷事大官問以何事故婦言我夫狂癡十二
年作得卅兩金不憐愍妻子盡以與他人依
口官制取縛夫送大官問其夫汝何以不供

世貧窮受諸辛苦今世遭遇福田若不種福
後世復貧貧貧相相續无得脫時我今故捐捨
貧窮以是故盡金施衆僧大官是優婆塞信
佛清淨聞是語以讚言是爲甚難懃苦得此
少物盡以施僧汝是善人即脫身瓔珞及所
乘馬并一聚落以施貧人而語之言汝始施
衆僧僧未食是爲糓子未種芽以生大果方
在後耳以是故言難得之物盡用布施其福
最多復次有世間檀有出世間檀有聖人所
稱譽檀有聖人所不稱譽檀有佛道檀有聲
聞檀何等世間檀凡夫人作布施亦聖人作
有漏心布施是名世間檀復次有人言凡夫
人布施是爲世間檀雖聖人有漏心布施以

BD01145　大智度論（异品）卷一一

人布施是為世間檀唯聖人有漏心布施以
結使斷故名出世間檀何以故是聖人人得
无作三昧故復次世間檀者不淨出世間檀
者清淨二種結使一種屬愛二種屬見為二
結使所使是為世間檀无此二種結使是為
出世間檀若三事繫心是為世間檀何以故
因緣諸法實无吾我而言我与彼取是故名
世間檀復次我无定處我以為我非彼以為非
彼以為我我以為非以是不定故无實我也
所施財者從因緣合有无有法獨可得者如
絹如布衆緣合故成除糸除縷則无絹布諸
法然如是一相无相相常自空人作想念計
以為有顛倒不實是為世間檀心无三事實

清淨檀不雜諸垢如諸法實相是聖人所稱
譽不清淨雜結使顛倒心者是聖人所不稱
譽復次實相智慧和合布施是聖人所稱譽
若不尒者聖人所不稱譽復次不爲衆生亦
不爲佛道亦不爲知諸法實相故施但求脫
生老病死是爲聲聞檀爲一切衆生故施亦
爲知諸法實相故施是爲諸佛菩薩檀於諸
功德不能具足但欲得少許分是爲聲聞檀
一切諸功德欲具足滿是爲諸佛菩薩檀畏
老病死故施是爲聲聞檀爲助佛道爲化衆
生不畏老病死是爲諸佛菩薩檀是中應說
菩薩本生經如說阿婆陀經中如昔時閻浮
提中有王名婆薩婆尒時有婆羅門菩薩名

提中有王名婆薩婆尒時有婆羅門菩薩名
違羅摩是國王師教王作轉輪聖王法違羅
摩財富无量珍寶具足作是思惟謂我爲貴
財富无量饒益衆生今正是時應當大施富
貴雖樂一切无常五家所共令人心散輕泆
不定譬如獼猴不能暫住人命逝疾速於電
滅人身无常衆苦之藪以是之故應行布施
如是思惟已自作手疏普告閻浮提諸婆羅
門及一切出家人頒各屈德來集我舍欲設
大祠滿十二歲飯汁行船以酪爲池粳米爲
山蘇油爲渠衣服飲食卧具湯藥皆令極妙
過十二歲欲以布施八万四千白象犀甲金
菩若人以寶莊校金鐘一寶莊嚴八万四

皆金銀瑠璃頗梨寶餝㲲以師子皮狗之床
若白劒婆羅寶韀雜餝以為庄嚴八万四千
寶牀雜色綩綖種種茵蓐柔濡細滑以為挍
餝丹枕錦被置牀兩頭妙衣盛服皆尒備具
八万四千金鉢盛滿銀粟銀鉢盛金粟瑠璃
鉢盛頗梨粟頗梨鉢盛瑠璃粟八万四千乳
牛牛出乳一斛金餝鉀角衣以白疊八万四
千美女端政福德皆以白珠名寶瓔珞其身
略舉其要如是種種不可勝記尒時婆薩婆
王及八万四千小王并諸臣民豪桀長者各
以十万金錢贈貢勸助設此法祠具足施已
釋提婆那民來詣違羅摩菩薩說此偈言
天地難得物　能喜悅一切　汝今皆以得　為佛道布施

[illegible]

天地難得物　能喜悦一切　汝今皆以得　爲佛道布施

尒時淨居天現身而説此偈言

開門大布施　汝所爲者是　憐慜衆生故　爲之求佛道

是時諸天作是思惟我當開此金瓶令水不

下所以者何有施者无受者故是時魔王語

淨居天此諸婆羅門皆出家持戒清淨入道

何以乃言无有受者淨居天言是菩薩爲佛

道故布施今此諸人皆是邪見是故我言无

有受者魔王語天言云何知是人爲佛道故

布施是時淨居天化作婆羅門身持金瓶執

金瓶杖迗違羅摩菩薩邊語言汝大布施難

捨能捨欲何求等欲作轉輪聖王七寶千子王

四天下耶菩薩答言[illegible]

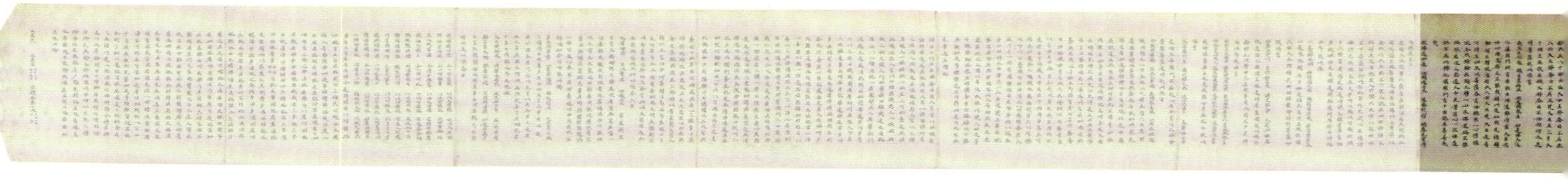

六欲天主耶答曰不若求梵天王主三千大
千國主爲衆生祖父耶答曰不汝欲何求是
時菩薩說此偈言
我求无欲處　離生老病死　欲度諸衆生　如是佛大道
化婆羅門聞言布施主佛道難得當大辛苦
汝心濡受樂必不能成辦此道如我先語轉
輪聖王釋提婆那民六欲天王梵天王是易
可得不如求此菩薩答言汝聽我一心讃頌
假令熱鐵輪在頭上轉一心求佛道終不懷
悔恨若使三惡道人中无量苦心一求佛道
終不爲此轉化婆羅門言十布施主善善哉
哉
求佛道如是　汝精進力大　慈愍於一切　智慧无罣㝵

求佛道如是　汝精進力大　慈愍於一切　智慧无罣㝵
成佛在不久
是時天雨衆華供養菩薩諸淨居天開瓶水
着即隱不現菩薩是時至婆羅門上坐前以
金瓶行水水閉不下衆人疑怪此種種種大
施一切具足布施主人功德亦大何以故瓶水
不下菩薩自念此非他事将无我心不清淨
佛得无施物不具足乎何以致此自觀祠經
十六種書清淨无瑕是時諸天語菩薩言汝
莫疑怪汝无不辦是諸婆羅門惡邪不淨故
也即說此偈
以是八邪見網　煩惱破正智　離諸清淨戒　唐苦墮異道
以是故水閉不下如是語已忽然不現尒時

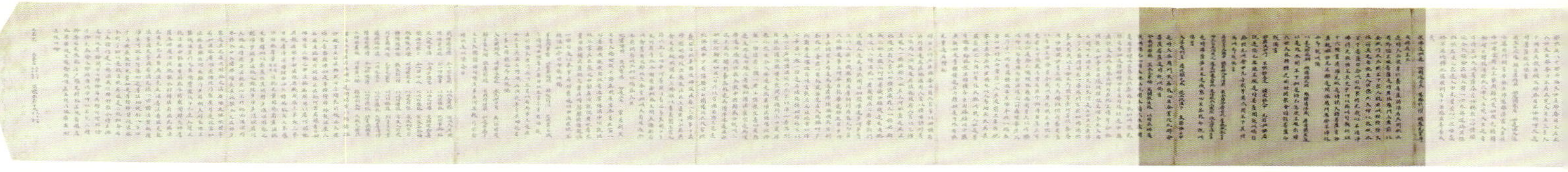

説偈言

耶惡法中行　不愼汝正道　諸受施人中　无有如汝者

説是偈已忽然不現是時菩薩聞説此偈自

念將无此會中无與我等者水閉不下其將

爲此耶説偈言

若有十方天地中　諸有好人清淨者　我今歸命稽首礼　右手執瓶灌左手

而上自立願我一人　應受如是大布施　是時瓶水上虛空　從上而下灌左手

是時婆薩婆王見是感應心生恭敬而説此

偈言

大婆羅門王　清流離色水　從上流注下　來墮汝手中

是時大婆羅門衆恭敬心生合掌作礼歸命

菩薩菩薩是時説此偈言

今我所布施　不求三界福　爲諸衆生故　以用求佛道

説此偈已一切大地山川樹木皆六反震動

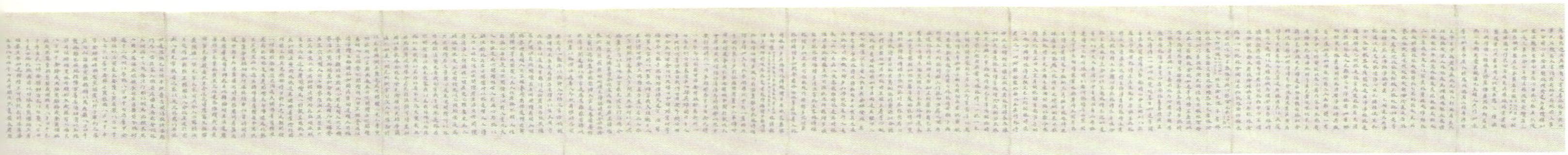

今我所布施　不求三界福　為諸衆生故　以用求佛道
說此偈已一切大地山川樹木皆六反震動
違羅摩謂此不應受供養故与既知此衆无
堪受者如是種種檀中本生因緣經是中應
廣說是為外布施云何内布施不惜身命施
諸衆生如本生因緣經釋迦文佛本為大國
王時世无佛无法无比丘僧是王四出求索佛
法了不能得時有一婆羅門言我知佛偈供
養我者我以与汝王即問言索何等供養答
曰汝能就汝身上破肉為燈炷供我養者當
以与汝王心念言今我此身危脆不淨世世
受苦不可復數未曾為法今始得用甚不可
惜也如是念已喚旃陁羅遍劄身上以作燈
主卩人曰疊纏肉蘇由灌之一時[illegible]燒

雪山中時大雨雪有一人失道窮厄辛苦飢
寒并至命在須臾鴿見此人即飛求火為其
聚薪燃之又復以身投火施此飢人如是等
目髓腦給施衆生種種本生因緣經此中應
廣說如是等種種是名內檀如是內外布施
无量是名檀相
問曰云何名法施荅曰有人言常以好語有
所利益是為法施復有人言以諸佛語妙善
之法為人演說是為法施復有人言以三種
法教人一脩妬路二毗尼三阿毗曇是為法
施復次有人言以四種法藏教人一脩妬路
藏二毗尼藏三阿毗曇藏四雜藏是為法施
復次以二種法施一者聲聞法二者摩訶衍

藏二毗尼藏三阿毗曇藏四雜藏是為法施
復次以二種法施一者聲聞法二者摩訶衍
法教人是為法施問曰如提婆達多呵多等
然以三藏四藏聲聞法摩訶衍法教人而身
入地獄是事云何答曰提婆達耶見罪多呵
多妄語罪多非是為道清淨法施但求名利
恭敬供養惡心罪故提婆達生入地獄呵多
死墮惡道復次非但言說名為法施常以淨
心善思以教一切是名法施譬如財施不以
善心不名福德法施亦不以淨心善思則
非法施復次讚嘆三寶開罪福門示四真諦
教化衆生令入佛道是為真淨法施復次佛
說一切法有二種一者不惱衆生善心慈愍

法不為名聞利養恭敬是為清淨佛道法施
如說阿輪輸伽王一日作八万佛啚唯未見道
於佛法中少有信樂日日請諸比丘入宮供
養日日次第留法師說法有一三藏年少法
師聰明端政次應說法在王邊坐口中有異
香王甚疑怪謂為不端欲以香氣動王宮人
語比丘言口中何等開口看之即為開口了
无所有与水令漱香氣如故王問大德新有
此香舊有之耶比丘荅言如此久有非適今
也有問有此久如以偈荅大王
迦葉佛時　集此香法　如是久久　常若新出
王言大德略說未解為我廣宣荅言王當一
心善聽我說我自往昔迦葉佛法中作說法

王言大德因說我能為我廣宣答言王當一
心善聽我說我自住昔迦葉佛法中作說法
比丘常在大衆之中歡喜演說迦葉世尊无
量功德諸法實相无量法門懇懃讃講教誨
一切自是以來常有妙香從口中出世世不
絶恒如今日而說此偈
草木諸華香　此香氣超絶　能悅一切心　世世常不滅
于時國王愧喜交集白比丘言未曾有也說
法功德大果乃尒比丘言此名為華未是果
也王言其果云何願為演說答言果略說有
十事王諦聽之即為說偈
大名聞端政　得樂及恭敬　威光如日月　為一切所愛
辯才有大智　能盡一切結　苦滅得涅槃　如是名為十
王言大德讃佛功德其事云何果報乃亦尒

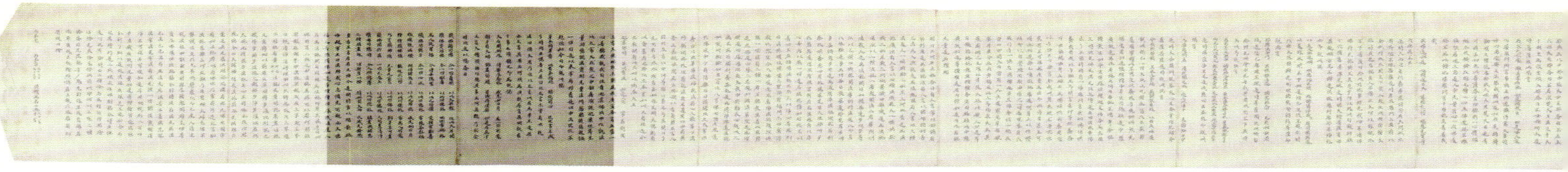

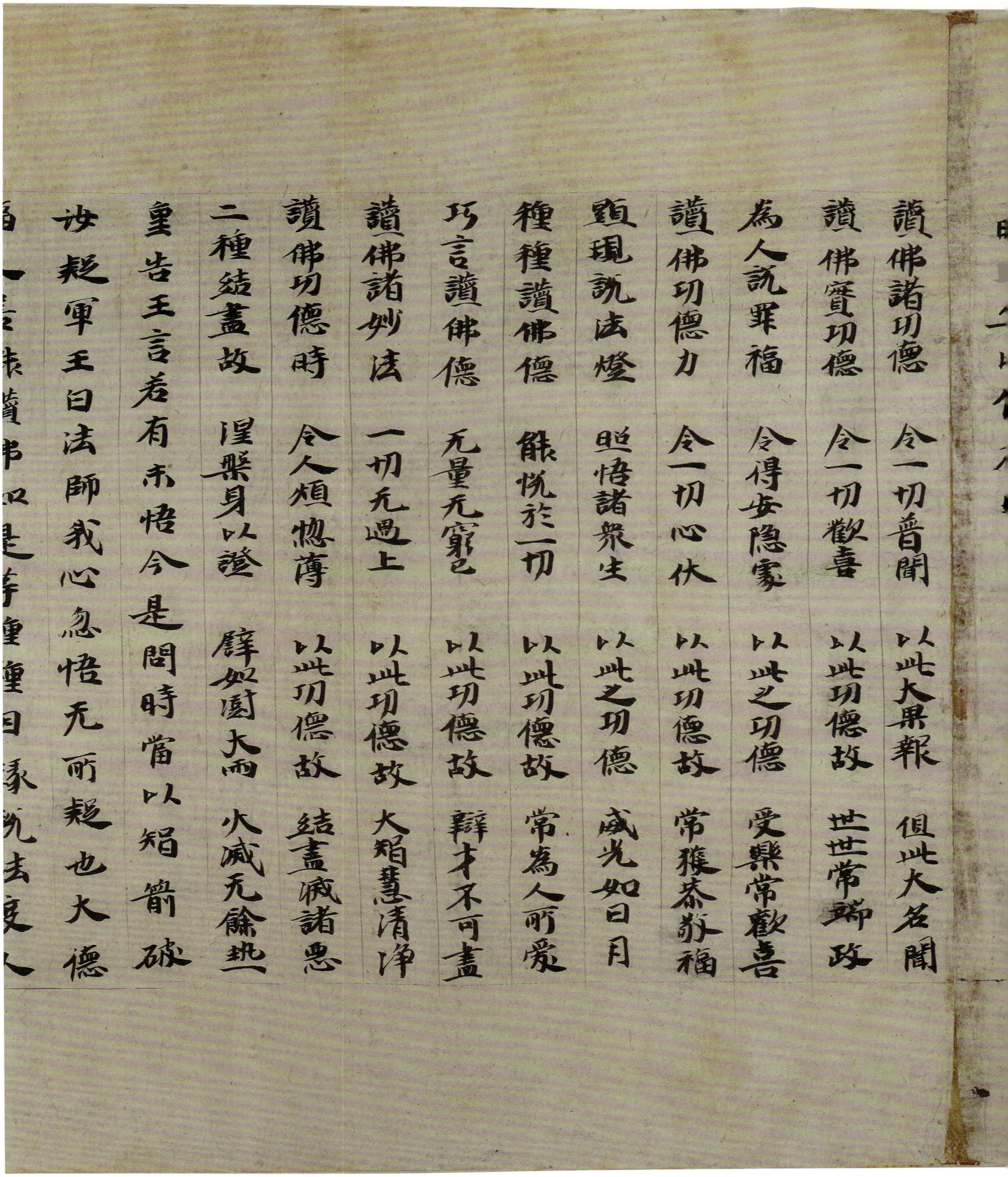

讚佛諸功德　令一切普聞　以此大果報　但此大名聞
讚佛實功德　令一切歡喜　以此功德故　世世常端政
為人說罪福　令得安隱處　以此之功德　受樂常歡喜
讚佛功德力　令一切心伏　以此功德故　常獲恭敬福
顯現說法燈　照悟諸衆生　以此之功德　威光如日月
種種讚佛德　能悅於一切　以此功德故　常為人所愛
巧言讚佛德　无量无窮已　以此功德故　辯才不可盡
讚佛諸妙法　一切无過上　以此功德故　大智慧清淨
讚佛功德時　令人煩惱薄　以此功德故　結盡滅諸惡
二種結盡故　涅槃身以證　譬如閻大雨　火滅无餘熱
重告王言若有未悟今是問時當以智箭破
汝疑軍王曰法師我心忽悟无所疑也大德
福人善能讚佛如是等種種因緣說法度人

汝疑軍王曰法師我心忽悟无所疑也大德
福人善能讚佛如是等種種因緣說法度人
名為法施問曰財施為法施何者為勝答曰如
佛所言二施之中法施為勝所以者何財施
果報在欲界中法施果報或在三界或三界
口說清淨深得理中心然得之故出三界復
次財施有量財有限也法施无量財施有盡法施
无盡譬如以薪益火其明轉多復次財施之
報淨少垢多法施之報垢少淨多復次若作
大施必待衆力法施出心不待他也復次財
施能令四大諸根增長法施能令无漏根力
覺道具足復次財施之法有佛无佛世間常
有如法施者唯有佛世乃當有耳是故當知

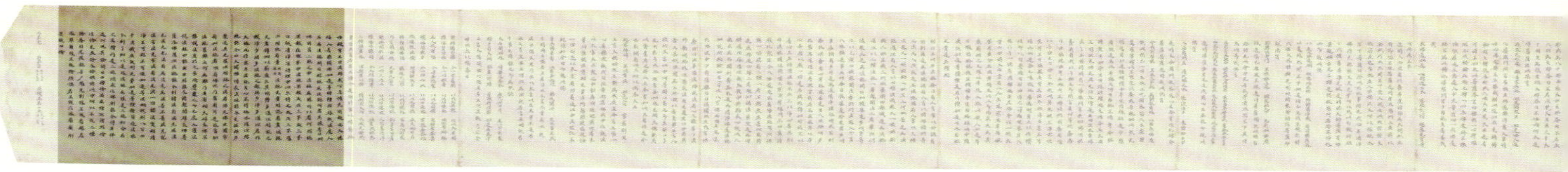

從法施中能出生財施及諸聲聞辟支佛菩
薩及佛復次法施能分別諸法有漏无漏法
色法无色法有為法无為法善不善法无記
法常法无常法有法无法一切諸法實相清
淨不可破不可壞如是等法略說則八万四
千法藏廣說則无量如是等種種皆從法施
分別了知以是故法施為勝是二施和合名
之為檀行是二施須求作佛則能令得至佛
道何況其餘問曰四種捨名為檀所謂財捨
法捨无畏捨及捨煩惱此中何以不說二種
捨答曰无畏施與尸羅无別故不說有般若
波羅蜜故不說捨煩惱若不說六波羅蜜則
具說四捨

具説四捨

品第十一

品第十四 五千六百五十五字

讚禮品第十五 六千一百卅字

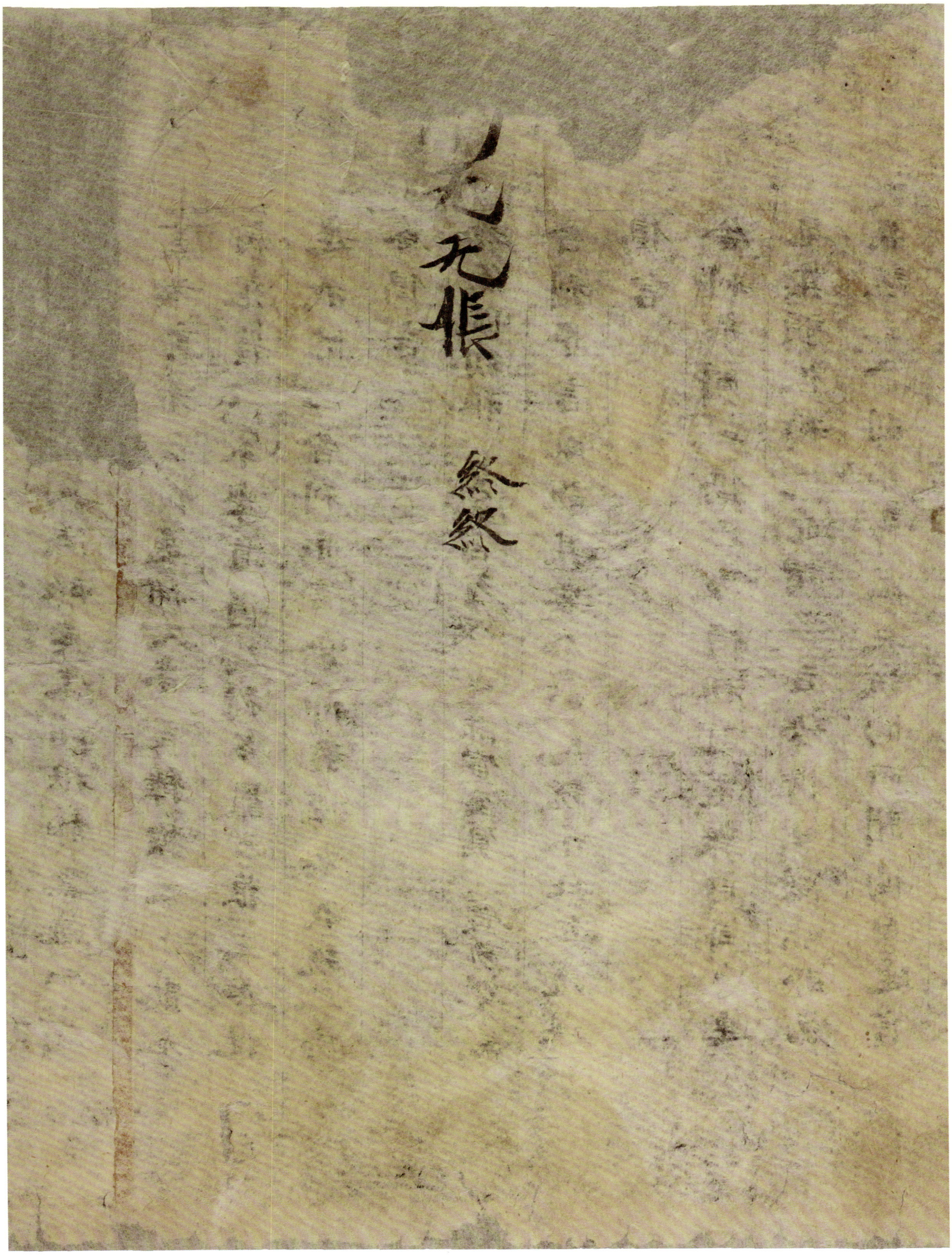

BD01145v　雜寫

BD01146 妙法蓮華經卷四

（後秦）鳩摩羅什 譯

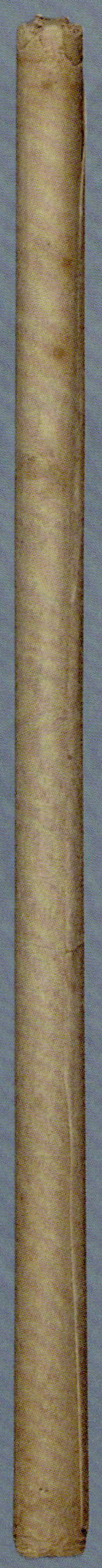

45.7cm × 26.8cm

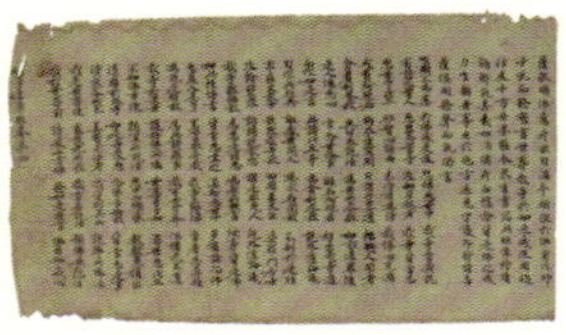

薩敬順佛意并欲自滿本願便於佛前作師子吼而發誓言世尊我等於如來滅後周旋往反十方世界能令衆生書寫此經受持讀誦解說其義如法脩行正憶念皆是佛之威力唯願世尊在於他方遥見守護即時諸菩薩俱同發聲而說偈言

唯願不為慮　於佛滅度後　恐怖惡世中　我等當廣說
有諸无智人　惡口罵詈等　及加刀杖者　我等皆當忍
惡世中比丘　邪智心諂曲　未得謂為得　我慢心充滿
或有阿練若　納衣在空閑　自謂行真道　輕賤人間者
貪著利養故　與白衣說法　為世所恭敬　如六通羅漢
是人懷惡心　常念世俗事　假名阿練若　好出我等過
而作如是言　此諸比丘等　為貪利養故　說外道論議

及餘比丘衆　誹謗說我惡　謂是耶見人　說外道論議
我等敬佛故　悉忍是諸惡　為斯所輕言　汝等皆是佛
如此輕慢言　皆當忍受之　濁劫惡世中　多有諸恐怖
惡鬼入其身　罵詈毀辱我　我等敬信佛　當著忍辱鎧
為說是經故　忍此諸難事　我不愛身命　但惜无上道
我等扵來世　護持佛所囑　世尊自當知　濁世惡比丘
不知佛方便　隨宜所說法　惡口而顰蹙　數數見擯出
遠離扵塔寺　如是等衆惡　念佛告勅故　皆當忍是事
諸聚落城邑　其有求法者　我皆到其所　說佛所囑法
我是世尊使　處衆无所畏　我當善說法　願佛安隱住
我扵世尊前　諸來十方佛　發如是誓言　佛自知我心

妙法蓮華經卷第四

BD01147

金剛般若波羅蜜經

（後秦）鳩摩羅什 譯

321.5cm×26.5cm

薩應離一切相發阿耨多羅三藐
三菩提心不應住色生心不應住聲香味觸
法生心應生无所住心若心有住則為非住
是故佛說菩薩心不應住色布施須菩提
菩薩為利益一切衆生應如是布施如來說
一切諸相即是非相又說一切衆生則非衆生
須菩提如來是真語者實語者如語者不誑
語者不異語者須菩提如來所得法此法无
實无虛
須菩提若菩薩心住於法而行布施如人入
闇則无所見若菩薩心不住法而行布施如
人有目日光明照見種種色須菩提當來
之世若有善男子善女人能於此經受持讀

讀誦則爲如來以佛智慧悉知是人悉見是
人皆得成就无量无邊功德
須菩提若有善男子善女人初日分以恒河
沙等身布施中日分復以恒河沙等身布
施後日分亦以恒河沙等身布施如是无量
百千万億劫以身布施若復有人聞此經典
信心不逆其福勝彼何況書寫受持讀誦
爲人解說須菩提以要言之是經有不可
思議不可稱量无邊功德如來爲發大乘
者說爲發最上乘者說若有人能受持讀
誦廣爲人說如來悉知是人悉見是人皆
得成就不可量不可稱无有邊不可思議功
德如是人等則爲荷擔如來阿耨多羅三藐
三菩提何以故須菩提若樂小法者著我見

BD01147　金剛般若波羅蜜經

德如是人等則為荷擔如來阿耨多羅三藐
三菩提何以故須菩提若樂小法者著我見
人見衆生見壽者見則於此經不能聽受
讀誦為人解說須菩提在在處處若有此
經一切世間天人阿修羅所應供養當知此
處則為是塔皆應恭敬作禮圍繞以諸
華香而散其處
復次須菩提善男子善女人受持讀誦此經
若為人輕賤是人先世罪業應墮惡道以今
世人輕賤故先世罪業則為消滅當得阿耨
多羅三藐三菩提須菩提我念過去無量阿
僧祇劫於燃燈佛前得值八百四千万億那
由他諸佛悉皆供養承事无空過者若復
有人於後末世能受持讀誦此經所得功德

分乃至筭數辟喻所不能及
須菩提若善男子善女人於後末世有受持
讀誦此經所得功德我若具說者或有人聞
心則狂亂狐疑不信須菩提當知是經義不
可思議果報亦不可思議
尒時須菩提白佛言世尊善男子善女人發
阿耨多羅三藐三菩提心云何應住云何降
伏其心佛告須菩提善男子善女人發阿
耨多羅三藐三菩提者當生如是心我應
滅度一切衆生實滅度者何以故若菩薩有
我相人相衆生相壽者相則非菩薩所以
者何須菩提實无有法發阿耨多羅三藐三
菩提者須菩提於意云何如來於然燈所有

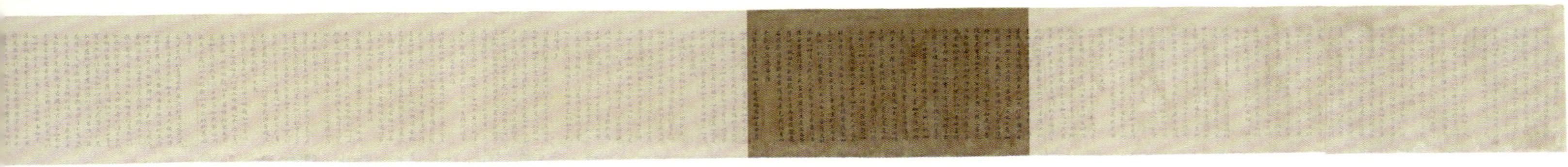

者何須菩提實无有法發阿耨多羅三藐三
菩提者須菩提於意云何如來於燃燈佛所有
法得阿耨多羅三藐三菩提不不也世尊如
我解佛所說義佛於然燈佛所无有法得阿
耨多羅三藐三菩提佛言如是如是須菩
提實无有法如來得阿耨多羅三藐三菩提
須菩提若有法如來得阿耨多羅三藐三菩
提者燃燈佛則不與我授記汝於來世當得
作佛号釋迦牟尼以實无有法得阿耨多羅
三藐三菩提是故燃燈佛與我授記作是言
汝於來世當得作佛号釋迦牟尼何以故如
來者即諸法如義若有人言如來得阿耨
多羅三藐三菩提須菩提實无有法佛得阿
耨多羅三藐三菩提須菩提如來所得阿耨

多羅三藐三菩提於是中无實无虛是故
如來說一切法皆是佛法須菩提所言一切法
者即非一切法是故名一切法須菩提譬如
人身長大須菩提言世尊如來說人身長大
則為非大身是名大身須菩提菩薩亦如
是若作是言我當滅度无量衆生則不名菩
薩何以故須菩提實无有法名為菩薩是故
佛說一切法无我无人无衆生无壽者須菩
提若菩薩作是言我當莊嚴佛土是不名菩
薩何以故如來說莊嚴佛土者即非莊嚴是
名莊嚴須菩提若菩薩通達无我法者如
來說名真是菩薩
須菩提於意云何如來有肉眼不如是世尊

須菩提於意云何如來有肉眼不如是世尊
如來有肉眼須菩提於意云何如來有天眼
不如是世尊如來有天眼須菩提於意云何
如來有慧眼不如是世尊如來有慧眼須菩
提於意云何如來有法眼不如是世尊如來有
法眼須菩提於意云何如來有佛眼不如是
世尊如來有佛眼
須菩提於意云何恒河中所有沙佛說是沙
不如是世尊如來說是沙須菩提於意云何
如一恒河中所有沙有如是等恒河是諸恒河
所有沙數佛世界如是寧為多不甚多世尊
佛告須菩提尒所國土中所有衆生若干種
心如來悉知何以故如來說諸心皆為非

在心不可得未來心不可得須菩提於意
云何若有人滿三千大千世界七寶以用布
施是人以是因緣得福多不如是世尊此人
以是因緣得福甚多須菩提若福德有實
如來不說得福德多以福德无故如來說
得福德多
須菩提於意云何佛可以具足色身見不不
也世尊如來不應以具足色身見何以故如
來說具足色身即非具足色身是名具足色
身須菩提於意云何如來可以具足諸相見
不不也世尊如來不應以具足諸相見何以
故如來說諸相具足即非具足是名諸相具
足須菩提汝勿謂如來作是念我當有所說

足須菩提汝勿謂如來作是念我當有所說
法莫作是念何以故若人言如來有所說法
即爲謗佛不能解我所說故須菩提說法者
无法可說是名說法
須菩提白佛言世尊佛得阿耨多羅三藐三
菩提爲无所得耶如是如是須菩提我於阿
耨多羅三藐三菩提乃至无有少法可得
是名阿耨多羅三藐三菩提復次須菩提
是法平等无有高下是名阿耨多羅三藐三
菩提以无我无人无衆生无壽者脩一切善
法則得阿耨多羅三藐三菩提須菩提所言
善法者如來說非善法是名善法
須菩提若三千大千世界中所有諸須弥山

般若波羅蜜經乃至四句偈等受持讀誦為
他人說於前福德百分不及一千万億分乃
至筭數譬喻所不能及
須菩提於意云何汝等勿謂如來作是念我
當度衆生須菩提莫作是念何以故實无有
衆生如來度者若有衆生如來度者如來則
有我人衆生壽者須菩提如來說有我者
則非有我而凡夫之人以為有我須菩提凡
夫者如來說則非凡夫
須菩提於意云何可以卅二相觀如來不須
菩提言如是如是以卅二相觀如來佛言須
菩提若以卅二相觀如來者轉輪聖王則
是如來須菩提白佛言世尊如我解佛所

菩提若以卅二相觀如來者轉輪聖王則
是如來須菩提白佛言世尊如我解佛所
說義不應以卅二相觀如來尒時世尊而
說偈言
若以色見我　以音聲求我　是人行邪道　不能見如來
須菩提汝若作是念如來不以具足相故得
阿耨多羅三藐三菩提須菩提莫作是念
如來不以具足相故得阿耨多羅三藐三
菩提須菩提汝若作是念發阿耨多羅三
藐三菩提者說諸法斷滅相莫作是念何以
故發阿耨多羅三藐三菩提者於法不說斷
滅相須菩提若菩薩以滿恒河沙等世界七
寶布施若復有人知一切法无我得成於忍
此菩薩勝前菩薩所得功德何以是人者

菩薩不受福德故須菩提白佛言世尊云何
菩薩不受福德須菩提所福德不應貪著
是故說不受福德須菩提若有人言如來若
來若去若坐若卧是人不解我所說義何以
故如來者无所從來亦无所去故名如來
須菩提若善男子善女人以三千大千世界
碎為微塵於意云何是微塵衆寧為多不
甚多世尊何以故若微塵衆實有者佛則
不說是微塵衆所以者何佛說微塵衆則
非微塵衆是名微塵衆世尊如來所說三千
大千世界則非世界是名世界何以故若世界
實有者則是一合相如來說一合相則非一合
相是一合相須菩提一合相者則是不可說
但凡夫之人貪著其事

相是一合相須菩提一合相者則是不可說
但凡夫之人貪著其事
須菩提若人言佛說我見人見衆生見壽
者見須菩提於意云何是人解我所說義
不世尊是人不解如來所說義何以故世尊
說我見人見衆生見壽者見即非我見人
見衆生見壽者見是名我見人見衆生見
壽者見須菩提發阿耨多羅三藐三菩提
心者於一切法應如是知如是見如是信解
不生法相須菩提所言相者如來說即非
法相是名法相須菩提若有人以滿无量阿
僧祇世界七寶持用布施若有善男子善女
人發菩薩心者持於此經乃至四句偈等受
持讀誦爲人演說其福勝彼云何爲人演說

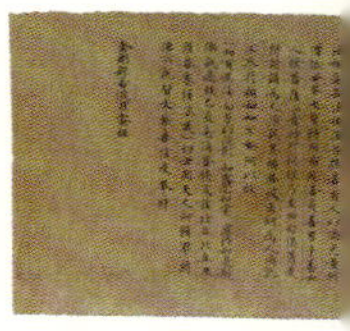

一切有爲法　如夢幻泡影　如露亦如電　應作如是觀
佛說是經已長老須菩提及諸比丘比丘尼
優婆塞優婆夷一切世間天人阿脩羅聞
佛所說皆大歡喜信受奉持

金剛般若波羅蜜經

BD01148　佛名經（十六卷本）卷二

917.6cm × 32.4cm

佛說佛名經卷第十一
舍利弗舉要言之現在諸佛說不可盡舍利弗
辟如東方恒河沙世界南方恒河沙世界西方恒河
沙世界北方恒河沙世界上下四维恒河沙世界彼
一切世界下至水際上至有頂滿中微塵舍利弗於
意云何彼如是微塵可知數不舍利弗言不也世尊
佛言舍利弗如是同名釋迦牟尼佛現在者我現前
見彼諸佛母同名摩訶摩耶父同名輸頭檀王城
同名迦羅彼諸佛弟一聲聞弟子同名舍利弗目揵
侍者弟子同名阿難何况種種異名母異名父異名
城異名弟子異名侍者舍利弗彼若干世界彼人
於何等世界著微塵何等世界不著微塵彼諸
世界若著微塵及不可著者下至水際上至有

世界若著微塵及不可著者下至水際上至有
頂舍利弗復有第二人取彼微塵彼若干微塵
數尒時佛國土向僧祇億百千万那由他世界過尒所
世界為一步舍利弗彼人復過若干微塵數世界為
一步彼人如是過百千万億那由他阿僧祇劫行
乃下一塵如是盡諸微塵舍利弗如是若干世界若
著微塵及不著者滿中微塵復更著十方世界
舍利弗復過水際上至有頂滿中微塵
舍利弗復有第三人取彼尒所微塵過彼尒所微
塵數世界為過一步彼若干百千万億那由他阿僧
祇劫行乃下一塵如是盡諸微塵復有第四人彼若
干微塵數世界若著微塵及不著者下至水際
上至有頂滿中微塵舍利弗於意云何彼微
塵可知數不舍利弗言不也世尊佛告舍利弗

塵可知數不舍利弗言不也世尊佛告舍利弗
彼若干微塵可知其數然彼同名釋迦牟尼佛母同
名摩訶摩耶父同名輸頭檀城同名迦毗羅第一弟
子同名舍利弗目揵連侍者弟子同名阿難陁彼
佛不可知數舍利弗如是第五人第六第七第八第九
第十人　舍利弗復有第十一人是人彼若干微
塵中取一微塵破為十方若干世界微塵數尒如
是餘微塵亦悉破為若干世界微塵數尒舍利弗
於意云何彼微塵不可知數不舍利弗言不也世尊
佛告舍利弗復有人彼若干微塵尒佛國土為過一
步如是疾神通行東方世界无量无邊劫下一微塵
東方盡如是微塵舍利弗如是若干世界若着微
塵及不着者中微塵復更着十方世界舍利弗復
過是世界若着微塵及不着者彼諸世界下至水際

過是世界若著微塵及不著者彼諸世界下至水際
上至有頂滿中微塵
舍利弗復有第三人取彼尒所微塵過彼尒所微
塵數世界爲過一步彼若千百千万億那由他阿僧
祇劫行乃下一塵如是盡諸微塵復有第四人彼
若干微塵數世界若著微塵及不著者下至有頂
滿中微塵舍利弗於意云何彼微塵可知數不舍
利弗言不也世尊佛告舍利弗彼若干微塵可知其
數然彼同名釋迦牟尼佛母同名摩訶摩耶父同名輸
頭檀城同名毗羅第一弟子同名舍利弗目揵連侍者
弟子同名阿難陁佛不可知數舍利弗如是第五人
第六第七第八第九第十人
舍利弗復有第十一人是人彼若干微塵中取

舍利弗復有第十一人是人彼若干微塵中取
一微塵破為十方若干世界微塵數尒如是餘微塵
亦悉破為若干世界微塵數尒舍利弗於意去何彼
微塵尒可知數不舍利弗言不也世尊佛告舍利弗
復有人彼若干微塵尒佛國土為過一步如是速
疾神通行東方世界無量無邊劫下一微塵東方盡
如是微塵若着微塵及不着者下至水際上至有
頂滿中微塵如是南方乃至十方下至水際上至有滿
中微塵舍利弗於意去何彼微塵可知數不舍利弗
言不也世尊佛告舍利弗彼若干微塵尒可知其數
然現今在世同名釋迦牟尼佛母同名摩訶摩耶父同
名輸頭檀王城同名迦毗羅第一弟子同名舍利弗目
捷連侍者弟子同名阿難陁不可數知何况種種異
名佛異名母異名父異名城異名弟子異名侍者舍

名佛異名母異名父異名城異名弟子異名侍者舍
利弗我若千微塵數劫住世說一同名釋迦牟尼不
可窮盡如是同名然燈佛同名提波延佛同名燈光
明佛同名一切勝佛同名稱佛同名波頭摩勝佛同名
稱佛同名波頭摩勝佛同名毗婆尸佛同名尸棄佛
同名毗舍浮佛同名拘留孫佛同名拘那含佛同名迦
葉佛如是等異名乃至異名侍現在世者我今悉知汝等
應當一心敬礼　尒時佛告舍利弗若善子
善女人求向耨多羅三藐三菩提者當先懺悔一切
諸罪若比丘犯四重罪比丘尼犯八重罪式叉摩那
沙弥沙弥尼犯出家根本罪若優婆塞犯優婆塞
重戒優婆夷犯優婆夷重戒欲懺悔者當洗浴着
新淨衣不食葷辛當在靜處脩治室內以諸幡華莊
嚴道場香泥塗畫懸四十九枚幡莊嚴佛坐安置佛

新淨衣[illegible]
嚴道場香泥塗畫懸四十九枚幡莊嚴佛坐安置佛
像燒種種香栴檀沉水勳陸多伽羅藆揵陁種種
末香塗香燒如是等種種妙香散種種華興大慈
悲願救皆衆生未度者令度未解者令解未安者
令安未涅槃者令得涅槃晝夜思惟如來本行皆
行化於无量劫受諸苦惱不生疲猒為求无上菩提故
於一切衆生自生下心如僮僕心若比丘犯四重罪
如是晝夜卅九日當對八清淨比丘發露所犯罪七日
一對發露至心懇重悔昔所作一心歸命十方諸佛稱名
礼拜随力随分如是至心滿卅九日罪必除滅是人得清
淨時當有相現若於覺中若於夢中見十方諸佛
與記莂或見菩薩與其記莂將詣道場共為已伴
或與摩頂示滅罪相或自見身入大會中處在
衆次或自見身處衆說法或見諸師淨行沙門將

衆次或自見身處衆説法或見諸師淨行沙門將
詣道場示其諸佛舍利弗若比丘懺悔罪時若見
如是相者當知是人罪垢得滅除不至心若比丘尼
懺悔八重罪者當如比丘法法是卌九日當得清淨除不
至心若式叉摩那沙彌沙彌尼懺悔根本重罪當
對四清淨比丘比丘尼如上法滿廿一日當知清淨除不
至心若優婆塞優婆夷懺重戒罪應當至心恭敬
三寶若見沙門恭敬禮拜生難遭想當請詣道
場設種種供養當請一比丘心敬重者就其發露所
犯罪至心懺悔一心歸命十方諸佛稱名禮拜如是
滿足七日必得清淨除不至心尒時世尊而説偈言

得成菩提降伏魔　自在經行道樹下
證无郭礙眼及身　法界平等如虛空
十億國土微塵數　菩薩弟子衆圍遶

十億國土微塵數　菩薩弟子衆圍遶
得於一切寂靜心　善住普賢諸行中
佛身相好妙莊嚴　放於種種无量光
普照十方諸國土　諸佛不可思議力
見諸國土悉无垢　无量妙色清淨滿
諸佛所有勝妙事　承佛神力見大衆
東方世界名寶幢　遠離諸垢妙莊嚴
彼處自在寶燈佛　於今現在彼世界
南方頻黎燈國土　清淨妙色普嚴淨
摩尼清淨雲如來　現今在世說妙色
西方无垢清淨土　名爲安樂妙世界
彼自在佛无量壽　菩薩弟子現圍繞
北方世界名香燈　國土清淨甚嚴飾
无染光幢佛所化　現今自在道場樹

无染光幢佛所化　現今自在道場樹
流璃光明真妙色　國土清淨勝莊嚴
无礙光雲佛如来　於今現在東北方
光明照幢世界中　現見滿足諸菩薩
自在吼聲佛彼處　現今在於東南方
種種樂樂佛世界　摩尼莊嚴妙无垢
勝妙智月如須弥　現見在於西南方
現見西北方如来　弥留光明平等衆
彼處大聖自在佛　弟子菩薩衆圍繞
下方世界自在光　國土清淨寶炎藏
光明妙輪不空見　佛今住彼妙國土
上方世界光炎藏　彼世界名淨无垢
普眼功德光明雲　現見菩提樹下坐
即時舍利弗等大衆承佛神力見十方過去未

即時舍利弗等大衆承佛神力見十方過去未
來現在諸佛无量无邊尒時舍利弗在大衆中悲
泣流淚白佛言希有世尊若善男子善女人不發阿
耨多羅三藐三菩提心者不得成佛我等昔來
猶如腐草雖逢春陽无悕秋實
尒時慧命舍利弗即從坐偏袒右肩右膝著地合掌
白佛世尊世尊願更廣說十方所有諸佛名号我
等樂聞尒時佛告舍利弗汝當至心諦聽我為汝
說舍利弗從此世界東方過百千億世界有佛世界名然
燈彼世界有佛名寶集阿羅訶三藐三佛陁現在說法
舍利弗若有善男子善女人聞彼佛名至心受持憶念
是善男子善女人畢竟得七覺分三昧得不退轉阿
耨多羅三藐三菩提心超越世間六十劫尒時世尊以
偈頌曰 東方然燈 有佛名寶集 若人聞名者 超世六十劫

偈頌曰東方然燈　有佛名寶集　若人聞名者超世六十劫

舍利弗東方有世界名寶集　阿羅訶三藐三佛陀現

彼世界有佛名寶勝

在說法若善男子善女人聞彼佛名至心受持憶念

讀誦合掌礼拜若復有善男子善女人以滿三千

大千世界珎寶布施如是日月布施滿一百歲如此布

施福德比前至心礼拜功德百分不及一千分不及一百

千分不及一數分不及一筭不及一譬喻不及一介時

世尊以偈頌曰　寶集世界　有佛寶勝　若人聞名

施不及一　舍利弗從此東方過八百世界有佛世界

香積彼世界有佛名　成就盧舍那

阿羅訶三藐三佛陀現在說法若人聞彼佛名受持讀

誦憶念礼拜超越世間五百劫

舍利弗從此世界東方過千世界名樹提跋提

舍利弗從此世界東方過千世界名樹提跋提
彼世有佛名　盧舍那鏡像　阿羅訶三藐三
佛陁現在說法若善男子善女人聞彼佛名受持讀
誦至心憶念恭敬礼拜得脫三惡道
舍利弗從此東方過二千世界有佛國土名无量光
明功德世界有佛名　盧舍那光明
阿羅訶三藐三佛陁若善男子善女人聞彼佛名五
體投地深心敬重受持讀誦恭敬礼拜是人超越世間
廿劫舍利弗東方過千世界有佛國土名可樂彼佛
名　不動　應供正遍知若善男子善女人聞彼佛名
受持讀誦恭敬礼拜是人畢竟不退阿耨多羅三藐
三菩提一切諸魔所不能動　舍利弗東方過千世
界有佛世界不可量彼處佛名　大光明
阿羅訶三藐三佛陁現在說法若善男子善女人聞

阿羅訶三藐三佛陁現在說法若善男子善女人聞(?)
彼光明佛名受持讀誦恭敬礼拜是人常不離一切
諸佛菩薩畢竟得不退轉阿耨多羅三藐三菩提
心舍利弗從此佛國土東方過六十千世界有佛世界
名然炬佛名　不可量聲　阿羅訶三藐三佛陁
現在說法若善男子善女人聞彼阿彌陁佛名三遍
稱南无无量聲如來南无无量聲如來南无无量聲如
來是人畢竟不墮三惡道定心阿耨多羅三藐三
菩提舍利弗復過彼世界度千佛國土有佛世界名无
塵彼有佛同名　阿彌陁動沙　阿羅訶三藐三佛
陁現在說法若善男子善女人聞彼佛名深心敬重
受持讀誦恭敬礼拜是人超越世間十二劫
舍利弗復過廿千佛國土有佛世界名難勝彼處
有佛名大稱　阿羅訶三藐三佛陁若善男子善
……稱如來若復有

有佛名大稱　向羅訶三藐三佛陁若善男子善
善女人聞彼佛名合掌作如是言南无大稱如來若復有
人以須弥山等七寶日日布施滿一百歲比聞此佛名
礼拜功德百分不及一乃至筭數分不及一
次礼十二部尊經大藏法輪
南无句義經　南无鳶王經
南无須達經　南无弘道三昧經
南无義決律經　南无須邪越国貧人經
南无齊經　南无等入法嚴經
南无陰持入經　南无佛說護淨經
南无方便心論經　南无諫心經
南无摩訶刹頭經　南无中陰經
南无所欲致患經　南无流離王經
南无孫陁邪致經　南无逃……經

南无孫陁邪致經　南无逝經
南无僧大經　南无夫婦經
南无佛般涅洹後灌臘經　南无天皇梵摩經
南无遺日定行經　南无十二死經
南无和難經　南无施陁梨呪經
南无犯戒罪輕重經　南无菩薩大業經

次礼十方諸大菩薩

南无等觀菩薩　南无不等觀菩薩
南无等不等觀菩薩　南无定自在王菩薩
南无法自在王菩薩　南无法相菩薩
南无光相菩薩　南无光嚴菩薩
南无大嚴菩薩　南无寶積菩薩
南无辯積菩薩　南无寶手菩薩
南无寶印手菩薩　南无常舉手菩薩

南无寶印手菩薩
南无常舉手菩薩
南无常下手菩薩
南无常慘菩薩
南无善根菩薩
南无善王菩薩
南无辯音菩薩
南无虛空藏菩薩
南无執寶炬菩薩
南无寶勇菩薩
南无寶見菩薩
南无帝網菩薩
南无明網菩薩
南无无緣觀菩薩
次聲聞緣覺一切賢聖
南无見人飛騰辟支佛
南无可波羅辟支佛
南无秦摩利辟支佛
南无月淨辟支佛
南无善智辟支佛
南无脩陁辟支佛
南无善法辟支佛
南无應求辟支佛
南无髟求辟支佛
南无大勢辟支佛
南无脩行不著辟支佛
南无難捨辟支佛

南无脩行不著辟支佛　南无難勝辟支佛
歸命如是等无量无邊辟支佛
礼三寶已次復懺悔
以共懺悔身三業竟今當次第懺悔口四惡
業經法說言口業之罪能令衆生墮於地獄餓
鬼受苦若在畜生則受鵂鶹鴝鵒鳥形聞其聲
者无不憎惡若生人中口氣常臭所有言說人
不信受眷屬不和常好鬪諍口業既有如是惡
果是故弟子今日至誠歸依於佛
南无東方須彌燈王佛　南无南方大功德佛
南无西方无量力佛　南无北方覺華生德佛
南无東南方一切覺惠　南无西南方无量辯才佛
南无西北方蓮華生王　南无東北方藏一切優佛
南无下方至光明王佛　南无上方電燈王幢佛

南无[illegible]
南无下方至光明王佛　南无上方電燈王幢佛
如是十方盡虛空界一切三寶
弟子等自從无始以來至於今日妄言兩舌惡
口綺語傳空說有說有言空不見言見見言見
不聞言聞聞言不聞不聞言不聞不知言知知言不知欺
賢罔聖言行相乖自稱讃譽得過人法我得四禪
四無色定阿那般那十六行觀得須陁洹至阿羅漢
我得辟支佛不退菩薩天來龍來鬼來神來旋
風土鬼皆至我所彼問我荅顯異惑衆要世名利
如是等罪皆悉懺悔
又復无始以來至於今日或讒言鬪亂交扇彼
此兩舌蔺搆販弄口舌向彼讒此道彼離他眷屬
壞人善友使狎密者爲疎親舊者成怨或綺辭
不實言不及義誑謗居父平薄師長破壞忠良

不實言不及義誹謗君父乎薄師長破壞忠良

埋沒勝己通致二國彼此扇作浮華虛巧發言常

虛口是心非甚違非一對面譽歎背則呵毀讚誦邪

書侍邪惡法或惡口罵詈言語麁獷或呼天和地牽

引鬼神如是口業所生諸罪无量无邊今日至到

向十方佛尊法聖衆皆悉懺悔

願弟子等承是懺悔口業衆罪所生功德生生世

世具八音聲四无礙辯常說和合利益之語其聲

清雅一切樂聞善解衆生方俗言說若有所說應

時應根令彼聽者即得解悟超凡入聖開發慧眼礼仏一拜

舍利弗復過三千佛國土有世界名光明名

寶光明

從此以上八千七百佛十二部經一切賢聖

阿羅訶三藐三佛陁若善男子善女人受持彼佛

阿羅訶三藐三佛陁若善男子善女人受持彼佛
名超越世間劫得不退轉三藐三菩提若有人不信
聞名得如此功德是人當墮阿毗地獄滿足一百劫
舍利弗東方過十五佛國土有世界名光明彼處有
佛名　得大无畏　阿羅訶三藐三佛陁現在說法
若男子善女人聞彼佛名受持讀誦恭敬禮拜是人畢
竟得大无畏攝取无量无邊功德聚舍利弗過第
七千佛國土有世界名摩尼光明　彼處有佛名
燃燈佛　阿羅訶三藐三佛陁現在說法若善男子善女
人聞彼佛名至心恭敬禮拜受持讀誦是人攝得如來
十力　舍利弗復過八千佛國土有寶世界彼世界中有
佛名　寶聲　如來阿羅訶三藐三佛陁現在說法
若善男子善女人聞彼佛名至心受持讀誦至心禮拜
是人畢竟得四聖諦畢竟得阿耨多羅三藐三菩提

是人畢竟得四聖諦畢竟得阿耨多羅三藐三菩提
舍利弗復過廿千佛国土有佛世界名光明佛名
无邊无垢　阿羅訶三藐三佛陁現在說法若善
男子善女人聞彼佛名至心信受受持讀誦恭敬礼
拜若復有人以滿三千大千世界七寶布施比聞无垢
佛名受持讀誦功德千万分不及一乃至筭數分不及
一何以故若衆生善根微薄不能得聞无垢佛名若有
善男子善女人聞无邊離垢如来名是人非於一佛所種
諸善根亦非十佛所種諸善根是人乃是百千万佛
種諸善根是人超越世間卌八劫　舍利弗東方過九千
佛国土有世界名妙聲佛名　月聲　阿羅訶三藐
三佛陁現在說法若善男子善女人聞彼佛名能受持
讀誦至心礼敬是人所得一切功德白法具足如滿月畢
竟得阿耨多羅三藐三菩提　舍利弗復過十千

竟得阿耨多羅三藐三菩提　舍利弗復過十千
佛國土有世界名无畏佛名阿无邊稱
阿羅訶三藐三佛陁現在說法若善男子善女人聞
彼佛名受持讀誦合掌作如是言南无无邊稱世尊
若復有人七寶如須弥等布施日日如是滿足百年此
福德聚比持佛名功德百分不及一乃至算數譬喻所
不能及　舍利弗復過千五百佛國土有世界名日
然燈佛名　日月光明　阿羅訶三藐三佛陁
現在說法若善男善女人聞彼佛名受持讀誦跪
跪善地三遍作如是言南无日月光明世尊南无日
月光明世尊南无日月光明世尊是人速成阿耨
多羅三藐三藐三菩提
舍利弗復過三十千佛國土有世界名无垢佛名无
垢光月　阿羅訶三藐三佛陁現在說法善男子

舍利弗復過三十千佛國土有世界名无垢佛名无
垢光明　阿羅訶三藐三佛陁現在說法善男子
善女人天龍夜叉羅刹若人非人聞是佛名畢竟不
退阿耨多羅三藐三菩提不入惡道
舍利弗東方過十千佛國土有世界名百光明佛名
清淨光明　阿羅訶三藐三佛陁現在說法若
天龍夜叉人非人聞名者必得人身遠貪瞋癡煩惱
若人聞不信者六千千劫墮大地獄舍利弗復過
佛國土有世界名善德佛名日光明
阿羅訶三藐三佛陁現在說法若人畢竟清淨心稱
佛名所得功德滿足如日輪畢竟能一切諸魔外道超
越世間卌劫舍利弗復過六十千佛國土有世界名住
七覺分　佛名无邊寶　阿羅訶三藐三佛陁
現在說法若人聞彼佛名是人具足得七寶不能置

現在說法若人聞彼佛名是人具足得七寶六能置
衆生著勝寶中畢竟成就无量功德聚
舍利弗復過五百佛国土有世界名華鏡像佛名華勝
阿羅訶三藐三佛陁現在說法若人聞彼佛名信心
敬重彼人一切善法成就如華敷超越世間五十五劫
舍利弗復過百千億佛国土有世界名遠離一切憂
惱佛名妙身　阿羅訶三藐三佛陁現在說法若
人聞彼佛名至心敬重礼拜供養是人畢竟遠離一切
諸鄣不入惡道超越世間无量劫
舍利弗若比丘比丘尼優婆塞優婆夷欲懺悔諸
罪當淨洗浴著新淨衣淨治室內敷高坐安置佛像
懸廿五枚幡種種華香供養誦此廿五佛名日夜六時懺
悔滿廿五日滅四重八重波羅夷式叉摩那沙彌沙彌尼
如是尒時舍利弗白佛言世尊唯願世尊爲我說過去

如是尒時舍利弗白佛言世尊唯願世尊爲我説過去
七佛姓名壽命長短我等樂聞佛告舍利弗諦聽諦聽
當爲汝説舍利弗過去九十一劫
有佛名毗婆尸如来過去卅劫有佛名尸棄如来
彼劫中復有毗舍浮如来自此以後无量无邊劫空過
无佛至賢劫中有四佛　拘留孫佛
拘那含牟尼佛　迦葉佛　我釋迦牟尼佛毗婆
尸佛壽命八十千劫　尸棄佛壽命六十千劫
毗舍浮佛壽命二千劫　拘留孫佛壽命十四小劫
拘那含牟尼佛壽命卅小劫　迦葉佛壽命二小劫
我現在最小壽命一百歲毗婆尸佛尸棄佛毗舍浮佛
刹利刹利家生拘留孫佛拘那含佛迦葉佛婆羅門家生舍
利弗我釋迦牟尼刹利家生毗婆尸佛尸棄佛毗舍浮佛
三佛姓　拘隣拘留孫佛拘那含牟尼佛迦葉佛此三佛

三佛姓　拘隣拘留孫佛拘那含牟尼佛迦葉佛此三佛
姓迦葉　舍利弗我釋迦牟尼佛姓瞿曇
舍利弗毗婆尸佛波吒羅樹下得阿耨多羅三藐三
菩提　尸棄佛分陁利樹下得阿耨多羅三藐三
菩提　毗舍浮佛莎羅樹下得阿耨多羅三藐三菩提
拘那含牟尼佛尸利沙樹下得阿耨多羅三藐三菩提
拘留孫佛憂頭跋樹下得阿耨多羅三藐三菩提
迦葉佛尼拘律樹下得阿耨多羅三藐三菩提
我釋迦牟尼佛阿說他樹下得阿耨多羅三藐三菩提
毗婆尸佛三集聲聞　尸棄佛三集聲聞　毗舍浮佛再
集聲聞　拘留孫佛一集聲聞　拘那牟尼佛一集
聲聞　迦葉佛一集聲聞　我釋迦牟尼佛
一集聲聞　毗婆尸佛弟一聲聞　弟子一名吉沙
二名看茶　毗舍浮佛弟一聲聞弟子一名星宿二名上

二名耆荼　毗舍浮佛弟一聲聞弟子一名星宿二名上
拘留孫佛弟一聲聞弟子一名疾二名力拘那含牟尼
佛弟一聲聞弟子一名活二名毗頭羅
尸棄佛弟一聲聞弟名勝二名自在　迦葉佛弟一
聲聞弟子一名輸那二名頗羅墮　我釋迦牟尼佛
弟一聲聞弟子一名舍利弗二名目揵連如上二人等前
者智慧弟一後神通弟一毗婆尸佛侍者名无憂尸棄
佛侍者名離畏毗舍浮佛侍者名寂
拘留孫佛侍者名智拘那含文尼佛侍者名親
迦葉佛侍者名迦夫我侍者名歡喜毗婆尸佛子名
成陰尸棄佛子名不可量毗舍浮佛子名善智
拘留孫佛子名上　拘那含文尼佛子名勝
迦葉佛子名道師　我子名羅睺羅
毗婆尸佛父名槃頭母名槃頭　意城名槃頭尸棄佛

毗婆尸佛父名槃頭母名槃頭 意城名槃頭尸棄佛
父名鉤那母名勝城名阿樓那跋提毗舍浮佛父名阿
樓天那子母稱意城名隨意
拘留孫佛婆羅門種父名功德母名廣彼天子名无
畏城亦名无畏 拘那含文尼佛父婆羅門種名火
德母名難勝天子名莊嚴城亦名莊嚴
迦葉佛父婆羅門種名淨德母名善才天子名知
俠城亦名知俠今時波羅㮈城是我今父名輸頭檀
王母名摩訶摩耶城名迦毗羅
舍利弗應當敬我礼本師謂釋迦牟尼佛稱妙佛
降伏一切德 南无然燈光佛
南无无畏佛 南无法勝佛
如是等初一大阿僧祇劫有八十億佛最後名釋
迦牟尼佛 第二阿僧祇劫初寶勝

迦牟尼佛　第二阿僧祇劫初寶勝
然燈佛　如聲佛　勝成佛　善見佛　善眼佛
提持羅吒佛　師子无畏自在不違善眼善
山善意旃檀降伏執降伏闍師子奮迅妙聲无量
威德淨德炎見第一義復有釋迦牟尼妙行勝
妙稱靜妙身功德梵梵命月降自在調山目陁羅
耶此是第二大阿僧祇劫有如是等七十二億佛應
當敬礼　舍利弗大力大精進淨德大明陽炎復
有釋迦牟尼大龍大威德堅行旃檀寶山因陁羅
幢无畏作富樓那寶髻波頭摩勝妙勝无垢無光
明降伏怨波斯他大幢頗羅墮畢沙星宿毗婆尸
棄拘隣毗舍浮能作光明不可勝復有尸棄善見
最後釋迦牟尼第三大阿僧祇劫中有如是等七
十一億佛應當敬礼

十一億佛應當敬礼
舍利弗如是等過去无量佛等應當敬礼
南无歡喜增長佛　南无人自在王佛
南无不動佛　南无大聖佛
南无歡喜佛　南无自在佛
南无普光明佛　南无滿足佛
南无拘隣佛　南无安隱佛
南无大精進佛　南无智慧佛
南无大稱佛　南无阿㝹律佛
南无妙勝佛　南无不猒足佛
南无大光炎聚佛　南无月光佛
南无火威德佛　南无普寶蓋佛
南无那羅延光明佛　南无師子乘光明佛
南无離一切憂惱光明　南无堅固光明佛

南无離一切憂惱光明　南无堅固光明佛
南无雲王光明佛　南无无垢辟光明佛
南无成就義光明佛　南无勝讃光明佛
南无梵勝天王王光明佛
南无如是等同名不可説不可説佛
舍利弗汝應當敬礼无量壽佛国安樂世界觀世
音菩薩得大勢菩薩以為上首
及无量无邊菩薩如是摩利支世界難勝佛国土光
明幢菩薩光明勝菩薩以為上首及无量无邊阿
僧祇菩薩衆如是可樂世界阿閦佛国土香象菩
薩妙香菩薩以為上首
及无量无邊菩薩衆如是盧舍那世界日月佛
国土師子菩薩師子慧菩薩以為上首
及无量无邊菩薩衆如是不瞬世界善月佛国

國土
及无量无邊菩薩衆如是不瞬世界善月佛國
土娑羅胎菩薩一切法得自在菩薩以為上首
及无量无邊菩薩衆樂成世界寶炎如來佛國
土不空奮迅菩薩不空見菩薩以為上首
及无量无邊菩薩衆觀世界普觀如來佛國土雲
菩薩法王菩薩以為上首
及无量无邊菩薩衆見愛世界觀世音如來佛國
土降伏魔菩薩山王菩薩以為上首
及无量无邊菩薩衆如是等十方世界一切佛國
土一切菩薩我皆歸命
舍利弗歸命善清淨无垢寶功德集勝王佛
南无因陁羅幢佛　南无普照佛
南无清淨光明王佛　南无金山光師子奮迅佛
南无普勝山功德佛　南无善住功德摩尼山王佛

南无普勝山功德佛　南无善住功德摩尼山王佛
南无普見王佛　南无金剛勝佛
南无普賢佛　南无普照佛
南无寶法勝決定佛　南无无畏王佛
次礼十二部尊經大藏法輪
南无菩薩所生地經　南无分然洹國迦羅越經
南无菩薩五十德行經　南无菟摩竭經
南无諦了生死本經　南无阿差末菩薩經
南无了本生死經　南无師比丘經
南无咒盡道咒經　南无善馬有三相經
南无長者法志妻經　南无咒毒蛇神咒經
南无移山經　南无須真太子經
南无聖法印經　南无諸佛要集經
南无七夢經　南无四貪想經
[illegible]經　南无諸福德田經

南无七夢經　南无四貪想經
南无九傷經　南无諸福德田經
南无神呪辟除賊害經　南无尼吒國王經
南无比丘尔衛經　南无鑪炭經
南无梵摩經　南无須陁洹四功德經
南无持戒而教人發生　南无蓮華女經
次礼十方諸大菩薩
南无慧積菩薩　南无寶勝菩薩
南无天王菩薩　南无壞魔菩薩
南无雹得菩薩　南无自在王菩薩
從此以上八千八百佛十二部經一切賢聖
南无功德相嚴菩薩　南无師子吼菩薩
南无雷音菩薩　南无山相擊音菩薩
南无香象菩薩　南无白香象菩薩

南无香象菩薩　南无白香象菩薩
南无常精進菩薩　南无不休息菩薩
南无妙生菩薩　南无華嚴菩薩
南无觀世音菩薩　南无得大勢菩薩
南无梵網菩薩　南无寶杖菩薩
南无无勝菩薩　南无嚴土菩薩
南无金髻菩薩　南无珠髻菩薩
南无弥勒菩薩　南无文殊師利法王子菩薩
次礼聲聞緣覺一切賢聖
南无寶辟支佛　南无不可比辟支佛
南无歡喜辟支佛　南无喜辟支佛
南无随喜辟支佛　南无十二婆羅門辟支佛
南无十同名婆羅辟支佛　南无火身辟支佛
南无同菩提辟支佛　南无摩訶男辟支佛

南无同菩提辟支佛　南无摩訶男辟支佛
南无心上辟支佛　南无最淨辟支佛
歸命如是等无量无邊辟支佛
礼三寶已次復懺悔
已懺悔身三口四竟次復懺悔佛法僧閒一切諸
障經中佛說人身難得佛法難聞衆僧難值信
心難生六根難具善友難得而今相與宿值善根得
此人身六根完具又值善友得聞正法於其中間復
各不能盡心精勤至到恐於未來長溺万苦无有
出期是故今日應須至到慚愧稽首歸依於佛
南无東方滿月光明佛　南无南方自在王佛
南无西方无邊光佛　南无北方金剛王佛
南无東南方師子音佛　南无西南方香爲遊戲佛
南无西北方須彌相佛　南无東北方寶最高德佛
南无上方廣衆德佛

南无西北方須弥相佛　南无東北方寶

南无下方寶夏鋒華佛　南无上方廣衆德佛

如是等十方盡虛空界一切三寶

弟子等自從无始以来至於今日常以无明覆心煩

惱鄣竟見佛形像不能盡心恭敬輕蔑衆僧殘害

善友破塔毀寺焚燒形像出佛身血或自處華堂

安置尊像所褻之處使烟熏日暴風吹雨露塵土汙坌

雀鼠殘毀共住宿曾无礼敬或裸露像身初不嚴

飾或遮掩燈燭開閉殿宇鄣佛光明如是等罪今日

至誠皆悉懺悔

又復无始以来至于今日或於法開不淨手把捉

經卷或臨經書非法俗語或安置床頭坐起不敬或

開閉箱篋虫毀朽爛或首軸脫落部黨失次或譏

脫漏誤紙墨破裂自不脩理不肯流轉如是等罪今

或以惡心[illegible]卧讀誦高聲語笑亂世

[illegible]
脫漏誤紙墨破裂自不脩理不肯流轉如是等罪今
懺悔　或眠地聽經仰卧讀誦高聲語笑亂他
聽法或邪解佛語僻說聖意非法說法法說非法非
犯說犯犯說非犯輕罪說重重罪說輕或抄前著後
抄後著前前後著中中著前後綺飾文辭安置已
典或為利養名譽恭敬為人說法无道德心求法師
過而為論議非理彈擊不為長解求出世法或輕慢佛
語尊重邪教毀呰大乘讚聲聞道如是等罪无量无
邊今日至到皆悉懺悔
又復无始以來至於今日或於僧閒有鄣煞害阿羅
漢破和合僧害發无上菩提心人斷滅佛種使聖道不
行或罸脫人道鞭榜沙門楚撻驅使苦言加謗或破淨
戒毀於威儀或勸他人於捨八正受行五法或假託形
儀鬪竊賊任如是等罪今悉懺悔
[illegible]

儀闚竊賊任如是等罪今悉懺悔
或裸形輕衣在經像前不淨脚履踏上殿塔或著屧
屐入僧伽藍涕唾堂房汙佛僧地乘車策馬排突寺
舍今如是等於三寶間所起罪鄣无量无邊今日至到
向十方佛尊法賢衆皆悉懺悔
願弟子等承是懺悔佛法僧間所有罪鄣生生世
世常值三寶尊仰恭敬无有猒足天繒妙綵寶瓔絡
高百千妓樂珎異華香非世所有常以供養若未成
佛先往勸請開甘露門若入涅槃願我常得獻最後
供於衆僧中脩六和敬得自在力興隆三寶上弘佛
道下化衆生 礼佛一拜

佛名經卷第十一

佛名經卷苐十一

BD01149　妙法蓮華經卷二

（後秦）鳩摩羅什　譯

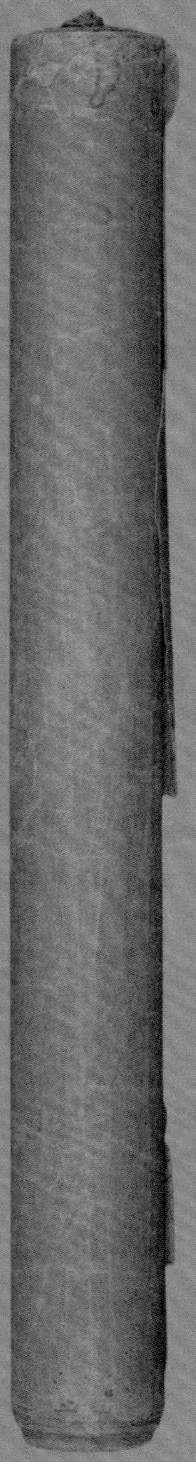

588.9cm × 25.4cm

告諸子等 我有種種
羊車鹿車 大牛之車 今在門外 汝等出来
吾為汝等 造作此車 隨意所樂 可以遊戲
諸子聞說 如此諸車 即時奔競 馳走而出
到於空地 離諸苦難 長者見子 得出火宅
住於四衢 坐師子座 而自慶言 我今快樂
此諸子等 生育甚難 愚小无知 而入險宅
多諸毒虫 魑魅可畏 大火猛焰 四面俱起
而此諸子 貪樂嬉戲 我已救之 令得脫難
是故諸人 我今快樂
尒時諸子 知父安坐 皆詣父所 而白父言
願賜我等 三種寶車 如前所許 諸子出来
當以三車 隨汝所欲 今正是時 唯垂給與

長者大富　庫藏衆多　金銀琉璃　車璩馬瑙
以衆寶物　造諸大車　莊校嚴飾　周匝蘭楯
四面懸鈴　金繩絞絡　真珠羅網　張施其上
金華諸瓔　處處垂下　衆綵雜飾　周匝圍繞
柔軟繒纊　以為裀褥
上妙細疊　價直千億　鮮白淨潔　以覆其上
有大白牛　肥壯多力　形體姝好　以駕寶車
多諸儐從　而侍衛之　以是妙車　等賜諸子
諸子是時　歡喜踊躍　乘是寶車　遊於四衢
嬉戲快樂　自在无礙
告舍利弗　我亦如是　衆聖中尊　世間之父
一切衆生　皆是吾子　深著世樂　无有慧心
三界无安　猶如火宅　衆苦充滿　甚可怖畏
常有生老　病死憂患　如是等火　熾燃不息
如來已離　三界火宅　寂然閑居　安處林野

常有生老 病死憂患 如是等火 熾然不息
如来已離 三界火宅 寂然閑居 安處林野
今此三界 皆是我有 其中衆生 悉是吾子
而今此處 多諸患難 唯我一人 能為救護
雖復教詔 而不信受 於諸欲染 貪著深故
是以方便 為說三乘 令諸衆生 知三界苦
開示演說 出世間道 是諸子等 若心決定
具足三明 及六神通 有得緣覺 不退菩薩
汝舍利弗 我為衆生 以此譬喻 說一佛乘
汝等若能 信受是語 一切皆當 成得佛道
是乘微妙 清淨第一 於諸世間 為无有上
佛所悅可 一切衆生 所應稱讚 供養礼拜
无量億千 諸力解脫 禪定智慧 及佛餘法
得如是乘 令諸子等 日夜劫數 常得遊戲

與諸菩薩 及聲聞衆 乘此寶乘 直至道場
以是因緣 十方諦求 更无餘乘 除佛方便
告舍利弗 汝諸人等 皆是吾子 我則是父
汝等累劫 衆苦所燒 我皆濟拔 令出三界
我雖先說 汝等滅度 但盡生死 而實不滅
今所應作 唯佛智慧
若有菩薩 於是衆中 能一心聽 諸佛實法
諸佛世尊 雖以方便 所化衆生 皆是菩薩
若人小智 深著愛欲 為此等故 說於苦諦
衆生心喜 得未曾有 佛說苦諦 真實无異
若有衆生 不知苦本 深著苦因 不能暫捨
為是等故 方便說道 諸苦所因 貪欲為本
若滅貪欲 无所依止 滅盡諸苦 名第三諦
為滅諦故 脩行於道 離諸苦縛 名得解脫
是人於何 而得解脫 但離虛妄 名為解脫

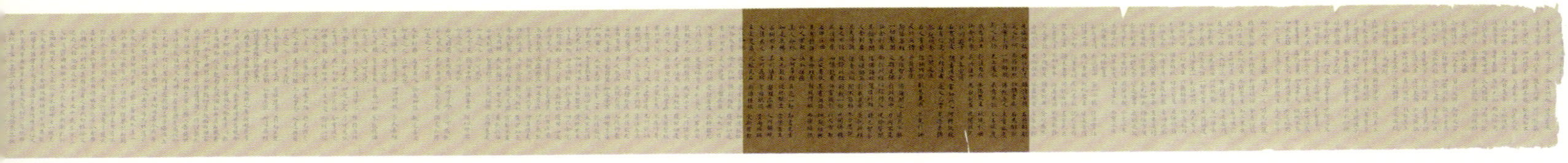

為滅諦故　脩行於道　離諸苦縛　名得解脫
是人於何　而得解脫　但離虛妄　名為解脫
其實未得　一切解脫　佛說是人　未實滅度
斯人未得　无上道故　我意不欲　令至滅度
我為法王　於法自在　安隱衆生　故現於世
汝舍利弗　我此法印　為欲利益　世間故說
在所遊方　勿妄宣傳
若有聞者　隨喜頂受　當知此人　阿鞞跋致
若有信受　此經法者　是人已曾　見過去佛
恭敬供養　亦聞是法
若人有能　信汝所說　則為見我　亦見於汝
及比丘僧　并諸菩薩
斯法華經　為深智說　淺識聞之　迷惑不解
一切聲聞　及辟支佛　於此經中

汝舍利弗　尚於此經　以信得入　況餘聲聞
其餘聲聞　信佛語故　隨順此經　非己智分
又舍利弗　憍慢懈怠　計我見者　莫說此經
凡夫淺識　深著五欲　聞不能解　亦勿為說
若人不信　毀謗此經　則斷一切　世間佛種
或復顰蹙　而懷疑惑　汝當聽說　此人罪報
若佛在世　若滅度後　其有誹謗　如斯經典
見有讀誦　書持經者　輕賤憎嫉　而懷結恨
此人罪報　汝今復聽
其人命終　入阿鼻獄　具足一劫　劫盡更生
如是展轉　至无數劫　從地獄出　當墮畜生
若狗野干　其形頊瘦　梨黮疥癩　人所觸嬈
又復為人　之所惡賤　常困飢渴　骨肉枯竭
生受楚毒　死被瓦石　斷佛種故　受斯罪報

生受楚毒　死被凡石　斷佛種故　受斯罪報
若作駱駝　或生驢中　身常負重　加諸杖捶
但念水草　餘无所知　謗斯經故　獲罪如是
有作野干　来入聚落　身體疥癩　又无一目
為諸童子　之所打擲　受諸苦痛　或時致死
於此死已　更受蟒身　其形長大　五百由旬
龍騃无足　婉轉腹行　為諸小虫　之所唼食
晝夜受苦　无有休息　謗斯經故　獲罪如是
若得為人　諸根闇鈍　痤陋攣躄　盲聾背傴
有所言說　人不信受　口氣常臰　鬼魅所著
貧窮下賤　為人所使　多病痟瘦　无所依怙
雖親附人　人不在意　若有所得　尋復忘失
若脩醫道　順方治病　更增他疾　或復致死
若自有病　无人救療　設服良藥　而復增劇

若他反逆　抄劫竊盜　如是等罪　橫羅其殃
如斯罪人　永不見佛　衆聖之王　說法教化
如斯罪人　常生難處　狂聾心亂　永不聞法
扵无數劫　如恒河沙　生輒聾瘂　諸根不具
常處地獄　如遊園觀　在餘惡道　如己舍宅
駝驢猪狗　是其行處　謗斯經故　獲罪如是
若得為人　聾盲瘖瘂　貧窮諸衰　以自莊嚴
水腫乾痟　疥癩癰疽　如是等病　以為衣服
身常臭處　垢穢不淨　深著我見　增益瞋恚
婬欲熾盛　不擇禽獸　謗斯經故　獲罪如是
告舍利弗　謗斯經者　若說其罪　窮劫不盡
以是因緣　我故語汝　无智人中　莫說此經
若有利根　智慧明了　多聞強識　求佛道者
如是之人　乃可為說
若人曾見　億百千佛　植諸善本　深心堅固

如是之人 乃可為說
若人曾見 億百千佛 殖諸善本 深心堅固
如是之人 乃可為說
若人精進 常脩慈心 不惜身命 乃可為說
若人恭敬 无有異心 離諸凡愚 獨處山澤
如是之人 乃可為說
又舍利弗 若見有人 捨惡知識 親近善友
如是之人 乃可為說
若見佛子 持戒清潔 如淨明珠 求大乘經
如是之人 乃可為說
若人無瞋 質直柔軟 常愍一切 恭敬諸佛
如是之人 乃可為說
復有佛子 於大衆中 以清淨心 種種因緣
譬喻言辭 說法無礙 如是之人 乃可為說

若有比丘 為一切智 四方求法 合掌頂受
但樂受持 大乘經典 乃至不受 餘經一偈
如是之人 乃可為說
如人至心 求佛舍利 如是求經 得已頂受
其人不復 志求餘經 亦未曾念 外道典籍
如是之人 乃可為說
告舍利弗 我說是相 求佛道者 窮劫不盡
如是等人 則能信解 汝當為說 妙法華經

妙法蓮華經信解品第四

尒時慧命須菩提摩訶迦旃延摩訶迦葉摩
訶目揵連等從佛所聞未曾有法世尊授舍
利弗阿耨多羅三藐三菩提記發希有心歡
喜踊躍即從座起整衣服偏袒右肩右膝著
地一心合掌曲躬恭敬瞻仰尊顏而白佛言
我等居僧之首年並朽邁自謂已得涅槃

地一心合掌曲躬恭敬瞻仰尊顏而白佛言
我等居僧之首年並朽邁自謂已得涅槃无
所堪任不復進求阿耨多羅三藐三菩提世
尊往昔說法既久我時在座身體疲懈但念
空无相无作於菩薩法遊戲神通淨佛國土
成就衆生心不喜樂所以者何世尊令我等
出於三界得涅槃證又今我等年已朽邁於
佛教化菩薩阿耨多羅三藐三菩提不生一
念好樂之心我等今於佛前聞授聲聞阿耨
多羅三藐三菩提記心甚歡喜得未曾有不
謂於今忽然得聞希有之法深自慶幸獲大
善利无量珎寶不求自得世尊我等今者樂
說譬喻以明斯義譬若有人年既幼稚捨父
逃逝久住他國或十二十至五十歲

大加復窮困馳騁四方以求衣食漸漸遊行
遇向本國其父先來求子不得中止一城其
家大富財寶无量金銀琉璃珊瑚虎珀頗梨
珠等其諸倉庫悉皆盈溢多有僮僕臣佐吏
民象馬車乘牛羊无數出入息利乃遍他國
商估賈客亦甚衆多時貧窮子遊諸聚落經
歷國邑遂到其父所止之城父每念子與子
離別五十餘年而未曾向人說如此事但自
思惟心懷悔恨自念老朽多有財物金銀珎
寶倉庫盈溢无有子息一旦終沒財物散失无
所委付是以慇懃每憶其子復作是念我若
得子委付財物坦然快樂无復憂慮世尊尒
時窮子傭賃展轉遇到父舍住立門側遥見
其父踞師子牀寶机承足諸婆羅門剎利居

其父踞師子牀寶机承足諸婆羅門剎利居
士皆恭敬圍繞以真珠瓔珞價直千万莊嚴
其身吏民僮僕手執白拂侍立左右覆以寶
帳垂諸華幡香水灑地散衆名華羅列寶物
出内取與有如是等種種嚴飾威德特尊窮
子見父有大力勢即懷恐怖悔來至此竊作
是念此或是王或是王等非我傭力得物之
處不如往至貧里肆力有地衣食易得若久
住此或見逼迫強使我作作是念已疾走而
去時富長者於師子座見子便識心大歡喜
即作是念我財物庫藏今有所付我常思念
此子无由見之而忽自來甚適我願我雖年
朽猶故貪惜即遣傍人急追將還尒時使者
疾走往捉窮子驚愕稱怨大喚我不相犯

自念无罪而被囚執此必定死轉更惶怖悶
絶躃地父遥見之而語使言不須此人勿强
将来以冷水灑面令得醒悟莫復與語所以
者何父知其子志意下劣自知豪貴為子所
難審知是子而以方便不語他人云是我子
使者語之我今放汝随意所趣窮子歡喜得
未曾有從地而起往至貧里以求衣食尒時
長者将欲誘引其子而設方便密遣二人形
色憔悴无威德者汝可詣彼徐語窮子此有
作處倍與汝直窮子若許将来使作若言欲
何所作便可語之雇汝除糞我等二人亦共
汝作時二使人即求窮子既已得之具陳上
事尒時窮子先取其價尋與除糞其父見子

事尒時窮子先取其價尋與除糞其父見子
愍而怪之又以他日於窓牖中遥見子身羸
瘦憔悴糞土塵坌汙穢不净即脫瓔珞細軟
上服嚴餝之具更著麁弊垢膩之衣塵土坌
身右手執持除糞之器狀有所畏語諸作人
汝等勤作勿得懈息以方便故得近其子後
復告言咄男子汝常此作勿復餘去當加汝
價諸有所須瓫器米麵鹽酢之屬莫自疑難
亦有老弊使人須者相給好自安意我如汝
父勿復憂慮所以者何我年老大而汝少壯
汝常作時无有欺怠瞋恨怨言都不見汝有
此諸惡如餘作人自今已後如所生子即時
長者更與作字名之為兒尒時窮子雖欣此
遇猶故自謂客作賤人由是之故於二十年

中常令除糞過是已後心相體信入出无難
然其所止猶在本處世尊尒時長者有疾自
知将死不久語窮子言我今多有金銀珎寶
倉庫盈溢其中多少所應取與汝悉知之我
心如是當體此意所以者何今我與汝便為
不異宜加用心无令漏失尒時窮子即受教
勑領知衆物金銀珎寶及諸庫藏而无悕取
一飡之意然其所止故在本處下劣之心亦
未能捨復經少時父知子意漸已通泰成就
大志自鄙先心臨欲終時而命其子并會親
族國王大臣刹利居士皆悉已集即自宣言
諸君當知此是我子我之所生於某城中捨
吾逃走跉跰辛苦五十餘年其本字某我名
某甲昔在本城懷憂推覓忽於是間遇會得

其甲昔在本城懷憂推覓忽於是間遇會得
之此實我子我實其父今吾所有一切財物
皆是子有先所出内是子所知世尊是時窮
子聞父此言即大歡喜得未曾有而作是念
我本无心有所悕求今此寶藏自然而至世
尊大富長者則是如来我等皆似佛子如来
常說我等為子世尊我等以三苦故於生死
中受諸熱惱迷惑无知樂著小法今日世尊
令我等思惟蠲除諸法戲論之糞我等於中
勤加精進得至涅槃一日之價既得此已心
大歡喜自以為足便自謂於佛法中勤精進
故所得弘多然世尊先知我等心著弊欲樂
於小法便見縱捨不為分别汝等當有如来
知見寶藏之分世尊以方便力說如来智

我等從佛得涅槃一日之價以為大得於此
大乘无有志求我等又自於如來智慧為諸菩
薩開示演說而自於此无有志願所以者何
佛知我等心樂小法以方便力隨我等說而
我等不知真是佛子今我等方知世尊於佛
智慧无所悋惜所以者何我等昔來真是佛
子而但樂小法若我等有樂大之心佛則為
我說大乘法於此經中唯說一乘而昔於菩
薩前毀呰聲聞樂小法者然佛實以大乘教
化是故我等說本无有心有所悕求今法王
大寶自然而至如佛子所應得者皆已得之
尒時摩訶迦葉欲重宣此義而說偈言
我等今日　聞佛音教　歡喜踊躍　得未曾有
佛說聲聞　當得作佛　无上寶聚　不求自得

佛說聲聞　當得作佛　无上寶聚　不求自得
辟如童子　幼稚无識　捨父逃逝　遠到他土
周流諸國　五十餘年　其父憂念　四方推求
求之既疲　頓止一城　造立舍宅　五欲自娛
其家巨富　多諸金銀　車璖馬瑙　真珠琉璃
象馬牛羊　輦輿車乘　田業僮僕　人民衆多
出入息利　乃遍他國　商估賈人　无處不有
千万億衆　圍繞恭敬　常為王者　之所愛念
羣臣豪族　皆共宗重　以諸緣故　往來者衆
豪富如是　有大力勢　而年朽邁　益憂念子
夙夜惟念　死時將至　癡子捨我　五十餘年
庫藏諸物　當如之何
尒時窮子　求索衣食　從邑至邑　從國至國
或有所得　或无所得　飢餓羸瘦　體生瘡癬

漸次經歷　到父住城　傭賃展轉　遂至父舍
尒時長者　於其門內　施大寶帳　處師子座
眷屬圍繞　諸人侍衛
或有計筭　金銀寶物　出內財產　注記券疏
窮子見父　豪貴尊嚴　謂是國王　若是王等
驚怖自恠　何故至此
覆自念言　我若久住　或見逼迫　強駈使作
思惟是已　馳走而去　借問貧里　欲往傭作
長者是時　在師子座　遥見其子　嘿而識之
即勅使者　追捉將来　窮子驚喚　迷悶躃地
是人執我　必當見煞　何用衣食　使我至此
長者知子　愚癡狹劣　不信我言　不信是父
即以方便　更遣餘人　眇目痤陋　无威德者
汝可語之　云當相雇　除諸糞穢　倍與汝價

汝可語之　云當相雇　除諸糞穢　倍與汝價
窮子聞之　歡喜隨来　為除糞穢　淨諸房舍
長者於牖　常見其子　念子愚劣　樂為鄙事
於是長者　著弊垢衣　執除糞器　往到子所
方便附近　語令勤作
既益汝價　并塗足油　飲食充足　薦席厚煗
如是苦言　汝當勤作　又以軟語　若如我子
長者有智　漸令入出　經二十年　執作家事
示其金銀　真珠頗梨　諸物出入　皆使令知
猶處門外　止宿草菴　自念貧事　我无此物
父知子心　漸已曠大　欲與財物　即聚親族
國王大臣　剎利居士　於此大眾　說是我子
捨我他行　經五十歲　自見子来　已二十年
昔於某城　而失是子　周行求索

所有舍宅人民　悉以付之　恣其所用
子念昔貧　志意下劣　今於父所　大獲珍寶
并及舍宅　一切財物　甚大歡喜　得未曾有
佛亦如是　知我樂小　未曾說言　汝等作佛
而說我等　得諸无漏　成就小乘　聲聞弟子
佛勅我等　說㝡上道　脩習此者　當得成佛
我承佛教　為大菩薩　以諸因緣　種種譬喻
若干言辭　說无上道
諸佛子等　從我聞法　日夜思惟　精勤脩習
是時諸佛　即授其記　汝於來世　當得作佛
一切諸佛　秘藏之法　但為菩薩　演其實事
而不為我　說斯真要
如彼窮子　得近其父　雖知諸物　心不悕取
我等雖說　佛法寶藏　自无志願　亦復如是

我等雖說　佛法寶藏　自无志願　亦復如是
我等內滅　自謂為足　唯了此事　更无餘事
我等若聞　淨佛國土　教化衆生　都无欣樂
所以者何　一切諸法　皆悉空寂　无生无滅
无大无小　无漏无為　如是思惟　不生喜樂
我等長夜　於佛智慧　无貪无著　无復志願
而自於法　謂是究竟
我等長夜　脩習空法　得脫三界　苦惱之患
住最後身　有餘涅槃　佛所教化　得道不虛
則為已得　報佛之恩
我等雖為　諸佛子等　說菩薩法　以求佛道
而於是法　永无願樂
導師見捨　觀我心故　初不勸進　說有實利
如富長者　知子志劣　以方便力　柔伏其心

然後乃付　一切財寶
佛亦如是　現希有事　知樂小者　以方便力
調伏其心　乃教大智
我等今日　得未曾有　非先所望　而今自得
如彼窮子　得无量寶
世尊我今　得道得果　扵无漏法　得清淨眼
我等長夜　持佛淨戒　始扵今日　得其果報
法王法中　久修梵行　今得无漏　无上大果
我等今者　真是聲聞　以佛道聲　令一切聞
我等今者　真阿羅漢　扵諸世間　天人魔梵
普扵其中　應受供養
世尊大恩　以希有事　憐愍教化　利益我等
无量億劫　誰能報者
手足供給　頭頂礼敬　一切供養　皆不能報

手足供給　頭頂礼敬　一切供養　皆不能報
若以頂戴　兩肩荷負　於恒沙劫　盡心恭敬
又以美饍　无量寶衣　及諸卧具　種種湯藥
牛頭栴檀　及諸珎寶　以起塔廟　寶衣布地
如斯等事　以用供養　於恒沙劫　亦不能報
諸佛希有　无量无邊　不可思議　大神通力
无漏无為　諸法之王　能為下劣　忍于斯事
取相凡夫　随宜為說
諸佛於法　得冣自在　知諸衆生　種種欲樂
及其志力　随所堪任　以无量喻　而為說法
随諸衆生　宿世善根　又知成熟　未成熟者
種種籌量　分別知已　於一乘道　随宜說三

妙法蓮華經卷第二

BD01150 龍興寺僧惠晏文一本

122.5cm × 26.2cm

遠人倫須衤
隨逝水日月不駐初七斯臨至孝等
早隔慈顏攀風樹而不停寔寒泉而永
伏覩形碎骨肉等盡幽魂泣血終身莫能上荅
是日善達禮郎迎屈聖凡遠終白業於旦
釋列真儀爐焚海岸之香供列天廚之饌
殊勝先靈福回先用莊嚴亡考令生魂路惟
以空於菩薩海播於神臟於般若身
深解脫之珠永謝輪迴之苦又持
福此用莊嚴齋主合門君眷表裏因親
惟願湯千載增万福善業長道涯開同
智而圓明等法身之堅固然後法界衆同
菩提齊登覺道

亡文 夫冥路遠趣
有為假資粮生死河深度之者要憑船筏遂能

若不假資粮生死河深度之者要憑船筏遂能
相勸勵同作良緣翹相懇成結邑義咸資給□
□割難捨之財設清淨之延建福田之會□□
其至矣哉推必乃樂資身溫恭立德忠以奉國□
家俱懷信向之成各罄歸依之志故能萷間其良□
以賢男
惠文一晏
光覺普化遍滿閻浮大覺威雄庶
偌迷於之道故使維摩現疾許
仕毗耶諸賢問疾之達往於方丈
之室難今具雙足度一心捧金爐搭施
意者奉為深患經今數旬諸所見也
惟患者及眠為火風不識地水乖為之
情不安四大無順伏聞三寶是出世法王

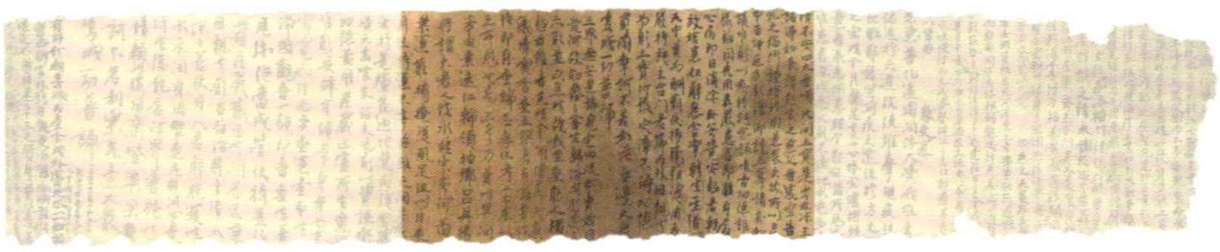

情不安四大無順伏聞三寶是出世法王
諸佛如来謂死生之慈父無畏空告
乾之福門謹捨珍財慈長久拔所以
中告佛尼乃於僧仰詫三尊請求加
護唯願以斯捨施念誦積香功德誰
勝福因先用莊嚴患者即體身病
心病即日消除臥安覺安起居輕
放捨患氣解愁含業轉生王道
天中莫為酬剖伏持勝福資用薦
嚴持施主合門眷屬內外因親等
為願三寶何護災障不侵功德
圓滿摩訶不若和唐無邊大衆
度成一切普通

度成一切普通
三界無安是稱梟宅四流舩貴慈回
愛河故知蠢蠢含生歸備溺溺之
六取並以息悲故我至聖能人獨
超蔽難者矣然今開像廓列真
儀績寶香臺王饌者有誰書作
時即有塵端至孝亡考厶乙來訪
之所見也為亡考乃莫以早問
芳由業遠仁輪領抽鄉呂具播
將謂久居人代永繼宗支而酋
業運難排奄從風足但以日來
月生時運不宜丁盛難定之司

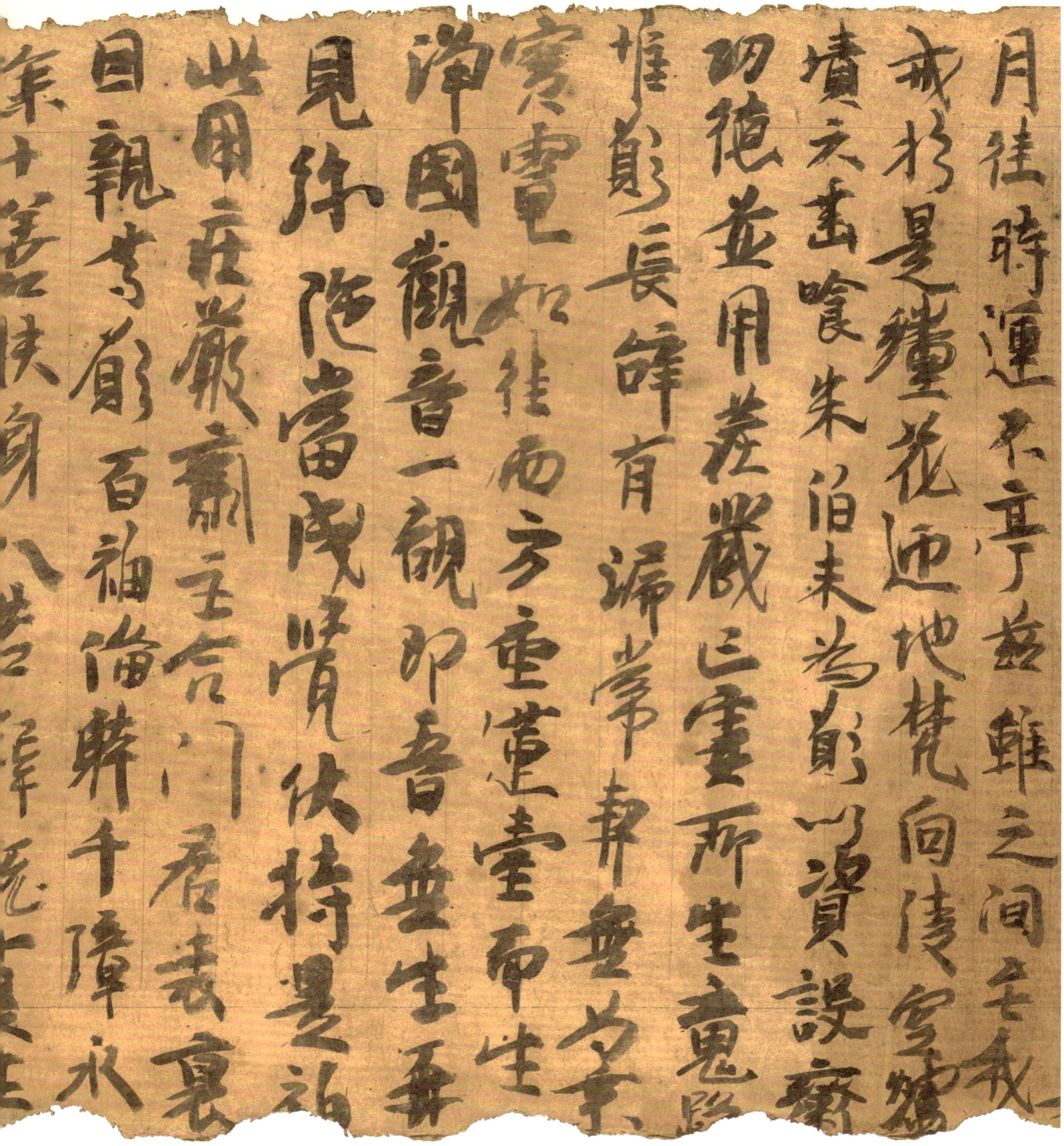

臣新寺眉百神佾將千障永

除十善扶身八者解脫獲性

水水淨身田智惠光明潤心音

付此後散霑法界普施於

情賴此勝因齊登樂果羣

訶不若利樂無邊大衆

等成一切普誦

貞明陸年捨歲月拾叁日

龍興寺僧惠晏文一本

永世轉讀 普現文本

有情代物壽城内屋舍城外薗地水一如劃

當已腳下以訖自後更不得喊郁說須

嗄更不得相違還三十三天賢聖黄沙道善

攸下先亡曆來證鑒觀 觀一十八重地獄齎奔衣身千万重

曹失恩願于明府降年

BD01151　大般涅槃經（异卷）卷一四

（北涼）曇無讖 譯

654cm × 25.2cm

羅蜜禪波
羅蜜般若波羅
念處即是我所
五力七覺分八聖道
如來終不住如是對是
善男子若言常住无有變
法輪是故汝今不應說言
子辯如日明
生眼識善男子眼
思惟終不念言我
作念言我能自生善男
合得名爲見善男子如
來之今日天……數三十七助菩提法覺了
諸法復因咽喉舌齒脣口言語音聲爲憍陳
如初始說法名轉法輪以是義故如來
尊[illegible]論心善男子言大轉當知名爲[illegible]即

如来善男子譬如因燧因手因乾
而得生火燧亦不言我能生火鑽手牛糞各
亦不言我能自生如来
亦尒因六波羅蜜乃至憍陳如名轉法輪如
来亦復不生念言我轉法輪善男子若不生
者是則名為轉正法輪是轉法輪即名如来
善男子譬如因酪因水因攢因瓶因繩人
手捉而得出蘇酪不念言我能出蘇乃至人
手亦不念言我能出蘇蘇亦不言我能自出
蘇亦 如来亦尒終不念言我
轉法輪善男子若不出者是則名為轉正法
輪是轉法輪即是如来善男子譬如因子因
地因水因火因風因糞因時因人作業而牙
得生善男子子亦不言我能生牙乃至作業
亦不念言我能生牙牙亦不言我能自生如
来亦尒終不念言我轉法輪善男子若不作

來亦尔終不念言我轉法輪善男子若不作
者是□□□□法輪是轉法輪即是如來
善男子譬如因鼓因空因皮因人因桴和合
出聲鼓不念言我能出聲乃至桴亦如是聲
亦不言我能自生善男子如來亦尔終不念
言我轉法輪善男子轉法輪者名為不作不
作者即轉〻法〻輪法輪者即是如來善男子轉
法輪者乃是諸佛世尊境界非諸聲聞緣
覺所知善□□□空非生非出非作非造非
有為法如來亦尔非生非出非作非造非有
為法如如來性佛性亦尔非生非出非作非
造非有為法善男子諸佛世尊語有二種一
者世語二出世語善男子如來為諸聲聞緣
覺說於世語為諸菩薩說出世語善男子是
諸大眾□□□□一者求小乘二者求大乘
我今昔日於羅奈城為諸聲聞轉于法輪入

城於此拘尸那城爲諸菩薩轉大法輪復次
善男子復有二人中根上根爲中根人於波
羅㮈轉於法輪爲上根人人中象王迦葉菩
薩等於此拘尸那城轉大法輪善男子極下
根[illegible]爲轉法輪極下根者即一闡
提復次善男子求佛道者復有二種一中精
進二上精進於波羅㮈爲中精進轉於法輪
今於此閒拘尸那城爲上精進轉大法輪復
次善男子我昔於彼波羅㮈城初轉法輪八
万天人得須陁洹果今於此閒拘尸那城八
十万億人不退轉於阿耨多羅三藐三菩提
復次善[illegible]城大梵天王稽首請我
轉於法輪今於此閒拘尸那城迦葉菩薩稽
首請我轉大法輪復次善男子我昔於彼波
羅㮈城轉法輪時說无常苦空无我今於此
閒拘尸那城轉法輪時說常樂我淨復次善

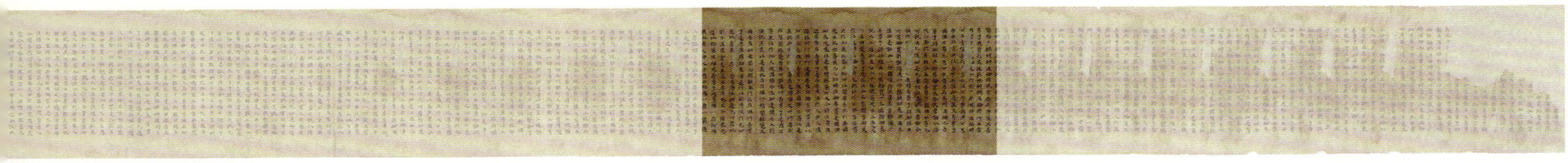

[illegible]
聞拘尸那城轉法輪時說常樂我淨復次善
男子我昔於彼波羅㮈城轉法輪時所出音
聲聞於[illegible]如來今於拘尸那城轉法輪時
所出音聲遍於[illegible]方廿恒河沙等諸佛世界
南西北方四維上下亦復如是復次善男子
諸佛世尊凡有所說皆悉名為轉法輪也善
男子譬如聖王所有輪寶未降伏者能令降
伏已降伏者能令安隱善男子諸佛世尊凡
所說法亦復如是无量煩惱未調伏者能令
調伏已[illegible]令善根善男子譬如聖王
所有輪寶則能消滅一切怨賊如來說法亦
復如是能令一切諸煩惱賊皆悉寂靜復次
善男子譬如聖王所有輪寶下上迴轉如來
說法亦復如是能令下趣諸惡衆生上生人天
乃至佛道善男子是故汝今不應讚言如來
[illegible]文殊師利白佛言世尊

我於此事非不知所以問者為欲利益諸
衆生故世尊我已久知轉法輪者實是諸佛
如來境界非是聲聞緣覺所及尒時世尊告
迦葉菩薩善男子是名菩薩住於大乘大涅
槃經所行聖行迦葉菩薩白佛言世尊復以
何義名為聖行善男子聖名諸佛世尊以是
義故名為聖行世尊若是諸佛之所行者則
非聲聞緣覺菩薩所能脩行善男子是諸世
尊安住於此大般涅槃而作如是開示分別
演說其義以是義故名曰聖行聲聞緣覺及
諸菩薩如是聞已則能奉行故名聖行善男
子是菩薩摩訶薩得是行已則得住於无所
畏地善男子若有菩薩得住如是无所畏地
則不復畏貪恚愚癡生老病死亦不復畏惡
道地獄畜生餓鬼善男子惡有二種一者阿脩
羅二者人中人中有三種惡一者一闡提

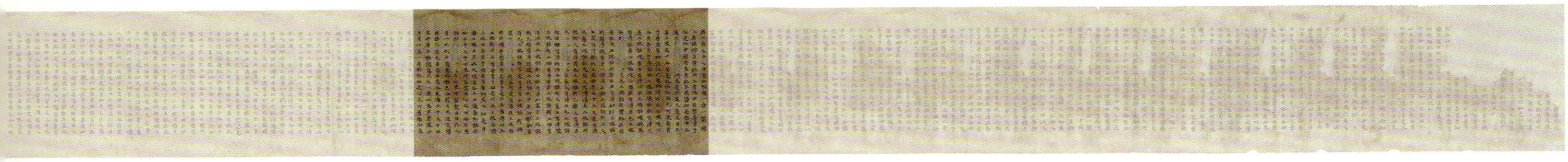

羅二者人中人中有三種惡一者一闡提
二者誹謗方等經典三者犯四重禁善男子
住是地中諸菩薩等終不畏墮如是惡中亦
復不[illegible]門外道耶見天魔波旬亦
復不畏受廿五有是故此地名无所畏善男
子菩薩摩訶薩住无畏地得廿五三昧壞廿
五有善男子得无垢三昧能壞地獄有得无
退三昧能壞畜生有得心樂三昧能壞餓鬼
有得歡喜三昧能壞阿脩羅有得日光三昧
能斷[illegible]月光三昧能斷瞿耶尼有
得熱炎三昧能斷鬱單曰有得如幻三昧能
斷閻浮提有得一切法不動三昧能斷四天
王處有得難伏三昧能斷三十三天處有得
悅意三昧能斷炎摩天有得青色三昧能斷
兜術天有得黃色三昧能斷化樂天有得赤
色[illegible]

三昧能斷二禪有得雷音三昧能斷三禪有
得注雨三昧能斷四禪有得如虛空三昧能
斷无想有得照鏡三昧能斷淨居阿那含有
得无㝵三昧能斷空處有得常三昧能斷識
處有得樂三昧能斷不用處有得我三昧能
斷非想非想處有善男子是名菩薩得廿五
三昧斷廿五有善男子如是廿五三昧名諸
三昧王善男子諸菩薩摩訶薩入如是等
諸三昧王若欲吹壞須彌山王隨意即能欲
知三千大千世界所有眾生心之所念亦悉
能知欲以三千大千世界所有眾生內於己
身一毛孔中隨意即能亦令眾生无迫迮想
若欲化作无量眾生悉令充滿三千大千世
界中者亦能隨意欲分一身以為多身復合
多身以為一身雖作如是心无所著猶如蓮

多身以為一身雖住如是心无所著猶如蓮
華善男子菩薩摩訶薩得入如是三昧王已
即得住[illegible]之地菩薩得住是自在地得
自在力隨欲生處即得往生善男子譬如轉
王領四天下隨意所行无能鄣㝵菩薩摩訶
薩亦復如是一切生處若欲生者隨意往生
善男子菩薩摩訶薩若見地獄一切衆生有
可得令住善根者菩薩即往而生其中菩薩
雖生[illegible]界菩薩摩訶薩住自在地力因
緣故而生其中善男子菩薩摩訶薩雖在地
獄不受識然碎身等皆善男子菩薩摩訶薩
所可成就如是功德无量无邊百千万億尚
不可說何况諸佛所有功德而當可說尒時
衆中有一菩薩名住无垢藏王有大威德成
就神通[illegible]大揔持三昧具足得无所畏即從

世尊如佛所言諸佛菩薩所可成就功德智
慧无量无邊百千万億實不可說我意猶謂
故不如是大乘經典何以故因是大乘方等
經力故能出生諸佛世尊阿耨多羅三藐三
菩薩、提時佛讚言善哉善哉善男子如是如是
如汝所說是諸大乘方等經典雖復成就无
量功德欲比是經不得為喻百倍千倍百千
万億乃至筭數譬喻所不能及善男子譬如
從牛出乳從乳出酪從酪出生穌從生穌出
熟穌從熟穌出提湖提湖最上若有服者衆
病皆除所有諸藥悉入其中善男子佛亦如
是從佛出於十二部經從十二部經出脩多
羅從脩多羅出方等經從方等經出般若波
羅蜜從般若波羅蜜出大般涅槃猶如提湖言
提湖者喻於佛性佛性者即是如來 善男
子以是義故說言如來所有功德无量无邊

子以是□故□説言如來所有功德无量无邊
不可稱計迦葉菩薩白佛言世尊如佛所讚
大涅槃經猶如提湖冣上冣妙若有能服衆
病悉除一切諸藥悉入其中我聞是已竊復
思念若有不能聽受是經當知是人為大愚
癡无有善心世尊我於今者實能堪忍剥皮
為紙刺血為墨以髓為水折骨為筆書寫如
是大涅槃經書已讀誦令其通利然後為人
廣説其義世尊若有衆生貪著財物我當施
財然後以是大涅槃經勸之令讀若尊貴者
先以愛語而隨其意然後漸當以是大乘大
涅槃經勸之令讀若凡庶者當以威勢逼之
令讀若憍慢者我當為其而作僕使隨順其
意令其歡喜然後復當以大涅槃而教導之
若有誹謗方等經者當以勢力摧之令伏既
摧伏已然後勸令讀大涅槃經若有愛樂大乘

讀迦葉菩薩善哉善哉汝甚愛樂大乘經典
貪大乘經愛大乘經味大乘經信敬尊重供
養大乘善男子汝今以此善心因緣當得超
越无量无邊恒河沙等諸大菩薩在前得成
阿耨多羅三藐三菩提汝之不久復當如我
廣為大衆演說如是大般涅槃如來佛性諸
佛所說秘密之藏善男子過去之世佛日未
出我於尒時作婆羅門脩菩薩行悉能通達
一切外道所有經論脩寂滅行具足威儀其
心清淨不為外來能生欲相之所破壞滅瞋
恚火受持常樂淨我之法周遍求索大乘經
典乃至不聞方等名字我於尒時住於雪山
其山清淨流泉浴池樹林藥木充滿其地處
處石間有清流水多諸香華周遍嚴飾衆鳥
禽獸不可稱計甘菓滋繁種別難計復有无

會歡不可稱計甘菓滋繁種別難計復有无
量稻根甘根青木香根我於尒時獨處其中
唯食諸菓食已繫心思惟坐禪逕无量歲之
不聞有如來出世大乘經名善男子我循加
是苦難行時釋提桓因等諸天人心大驚怪
即共集會各各相謂而說偈言
各共相指示　清淨雪山中　寂靜離欲主　功德莊嚴王
已離貪瞋慢　永斷諸愚癡　口初未曾說　麁惡等語言
尒時衆中有一天子名曰歡喜復說偈言
如是離欲人　清淨懃精進　將不求帝釋　及以諸天耶
若是外道者　循行諸苦行　是人多欲求　帝釋所坐處
尒時復有一仙天子即為帝釋而說偈言
天主憍尸迦　不應生是慮　外道循苦行　何必求帝釋
說是偈已復作是言憍尸迦世有大士為衆
生故不貪己身為欲利益諸衆生故而循種
種無量苦行如是之人見生死中諸過咎

視涕唾如是大士棄捨財寶所愛妻子頭目
髓腦手足支節所居舍宅象馬車乘奴婢僮
僕之不願來生於天上唯求欲令一切眾生
得受快樂如我所解如是大士清淨无漏眾結
永盡唯欲求於阿耨多羅三藐三菩提釋提
桓因復作是言如汝言者是人則為攝取一
切世間所有眾生大仙若此世間有佛樹
者能除一切梵天世人及阿脩羅煩惱毒虵
是諸眾生住是佛樹蔭涼中者煩惱諸毒悉
得消滅大仙是人若當未來世中作善逝者
我等悉當得滅无量熾燃煩惱如是之事實
為難信何以故无量百千諸眾生等發於阿
耨多羅三藐三菩提心見少微緣於阿耨多
羅三藐三菩提即便動轉如水中月水動則
動猶如畫像難成易壞菩提之心亦復如是

動揺如畫像難成易壞菩提之心亦復如是
難發易壞大仏如有多人以諸鎧杖牢自莊
嚴欲前討賊臨陳恐怖則便退散无量衆生
亦復如是發菩提心牢自莊嚴見生死過心
生恐怖即便退散大仏我見如是无量衆生
發心之後皆生動轉是故我今雖見是人循
於苦行无惱无熱住於道捻具行清淨未能
信之我今要當自往試之知其實能堪任荷
負阿耨多羅三藐三菩提大重擔不大仏猶
如車有二輪則有載用鳥有二翼堪任飛行
是苦行者亦復如是我雖見其堅持禁戒未
知其人有深智不若有深智當知則能堪任
荷負阿耨多羅三藐三菩提之重擔也大仏
譬如魚母多有胎子成就者少如菴羅樹華
多菓少衆生發心乃有无量及其成就少不
[illegible]

只當如是尒時釋提桓因自變其身作羅剎
像形甚可畏下至雪山去其不遠而便立住
是時羅剎心无所畏勇健難當辯才次第其
聲清雅宣過去佛所說半偈

諸行无常　是生滅法

說是半偈已便住其前所現形貌甚可怖畏
顧眄遍視觀於四方是苦行者聞是半偈心
生歡喜譬如估客於嶮難處夜行失伴恐怖
推求還遇同侶心生歡喜踊躍无量亦如久
病未遇良醫瞻病好藥後卆得之如人沒海
卆遇船舫如渴乏人遇清冷水如為怨逐忽
然得脫如久繫人卆聞得出亦如農夫炎旱
值雨亦如行人還得歸家家人聞已生大歡
喜善男子我於尒時聞是半偈心中歡喜亦
復如是即從坐起以手舉髮四向顧視而說

復如是即從坐起以手舉髮四向顧視而說
是言向所聞偈誰之所說尒時更不見餘
人唯見羅剎即說是言誰開如是解脫之門
誰能雷震諸佛音聲誰於生死睡眠之中而
獨覺寤唱如是言誰能於此示導生死飢饉
眾生无上道味无量眾生沈生死海誰能於
中作大船師是諸眾生常為煩惱重病所纏
誰能於中為作良醫說是半偈啟悟我心猶
如半月漸開蓮華善男子我於尒時更无所
見唯見羅剎復作是念將是羅剎說是偈耶
還復生疑或非其說何以故是人形容甚可
怖畏若有得聞是偈句者一切恐怖醜陋即
除何有此人形根如是能說此偈不應火中
出於蓮華非日光中出生冷水善男子我於
尒時復作是念我今无智而此羅剎或能得
見過去諸佛從諸佛所聞是半偈我今當問

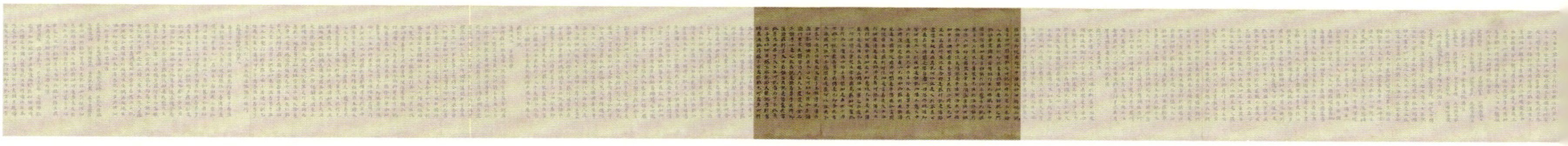

即便前至羅剎所作如是言善哉大士汝
於何處得是過去離怖畏者所說半偈大士
復於何處而得如是半如意珠大士是半偈
義乃是過去未來現在諸佛世尊之正道也
一切世間无量衆生常為諸見羅網所覆終
身於此外道法中初不得聞如是出世十力
世雄所說空義善男子我問是已即荅我言
大婆羅門汝今不應問我是義何以故我不
食來已逕多日處處求索了不能得飢渴苦
惱心亂讇語非我本心之所知也我今力能
飛行虛空至欝單曰乃至天上處處求食亦
不能得以是之故我說是語善男子我時即
復語羅剎言大士若能為我說是偈竟我當
終身為汝弟子大士汝所說者名字不終義
亦不盡以何因緣不欲說耶夫財施者則有
竭盡法施因緣不可盡耶雖无所盡多所利

竭盡法施因緣不可盡耶雖无所盡多所利
益我今聞此半偈法已心生驚疑汝今幸可
爲我除斷說此偈竟我當終身爲汝弟子羅
剎荅言汝智大愚但自憂身都不見念今我
定爲飢苦所逼實不能說我即問言汝所食
者爲是何物羅剎荅言汝不足問我若說者
令多人怖我復問言此中獨處更无有人我
不畏汝何故不說羅剎荅言我所食者唯人
煖宍其所飲者唯人熱血我自薄祐唯食此
食周遍求索困不能得世雖多人皆有福德
兼爲諸天之所守護而我无力不能得煞善
男子我復語言汝但具足說是半偈我聞偈
已當以此身奉施供養大士我設命終如此
之身无所復用當爲虎狼鵄梟鵰鷲之所噉
食然復不得一毫之福我今爲求阿耨多羅
三藐三菩提捨不堅身以易堅身羅剎荅言

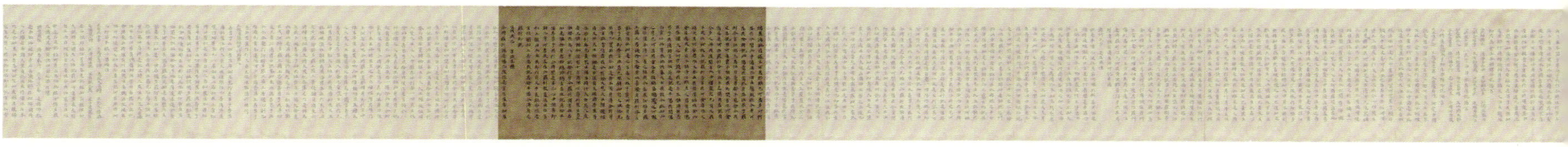

訶嘖信汝如是之言為八故于棄所愛身善男子我即答言汝真无智譬如有人施他瓦器得七寶器我亦如是捨不堅身得金剛身汝言誰當信者我今有證大梵天王釋提桓因及四天王能證是事復有天眼諸菩薩等為欲利益无量衆生脩、生、脩行大乘具六度者亦能證知復有十方諸佛世尊利衆生者亦能證我為八字故捨於身命羅剎復言汝若如是能捨身者諦聽諦聽當為汝說其餘半偈善男子我於尒時聞是事已心中歡喜即解己身所著鹿皮為此羅剎敷置法坐白言和上願坐此坐我即於前叉手長跪而作是言唯願和上善為我說其餘半偈令得具足羅剎即說

生滅滅已　寂滅為樂

尒時羅剎說是偈已復作是言菩薩摩訶薩

尒時羅剎說是偈已復作是言菩薩摩訶薩
汝今已聞具足偈義汝之所願爲悉滿足若
必欲利諸衆生者時施我身善男子我於尒
時深思此義然後處處若石若壁若樹若道
書寫此偈即便更繫所著衣裳恐其死後身
體露現即上高樹尒時樹神復問我言善哉
仁者欲作何事善男子我時答言我欲捨身
以報偈價樹神問言如是偈者何所利益菩
薩答言如是偈句乃是過去未來現在諸佛
所說開空法道我爲此法棄捨身命不爲利
養名聞財寶轉輪聖王四大天王釋提桓因
大梵天王人天中樂爲欲利益一切衆生故
捨此身善男子我捨身時復作是言願令一
切慳惜之人悉來見我捨離此身若有少施
起貢高者亦令得見我爲一偈捨此身命如
棄草木菩薩尒時說是偈已尋即放身自投

樹下我至如時虛空之中出種種聲其聲乃
至阿迦尼吒尒時羅剎還服釋身即於空中
接取菩薩安置平地尒時釋提桓因及諸天
人大梵天王稽首頂礼菩薩足下讚言善哉
善哉真是菩薩能大利益无量衆生欲於无
明黑闇之中然大法炬由我愛惜如來大法
故相嬈惱唯願聽我懺悔罪咎汝於未來必
定成就阿耨多羅三藐三菩提願見濟度尒
時釋提桓因及諸天衆礼菩薩足於是辭去
忽然不現善男子如我往昔為半偈故捨棄
此身以是因緣便得超越足十二劫在弥勒
前成阿耨多羅三藐三菩提善男子我得如
是无量功德皆由供養如來正法善男子汝
今亦尒發於阿耨多羅三藐三菩提心則已
超過无量无邊恒河沙等諸菩薩上善男子
是名菩薩住於大乘大般涅槃脩於聖行

是名菩薩住於大乘大般涅槃脩於梵行

大般涅槃經梵行品第八

善男子云何菩薩摩訶薩梵行善男子菩薩
摩訶薩住於大乘大般涅槃住七善法得是
梵行何等為七一者知法二者知義三者知
時四者知足五者自知六者知衆生七者知
尊卑善男子云何菩薩摩訶薩知法善男子
菩薩摩訶薩知十二部經謂脩多羅祇夜受
記伽陀優陀那尼陀那阿波陀那伊帝曰多
伽闍陀伽毗佛略阿浮陀達摩優波提舍善
男子何等名為脩多羅經從如是我聞乃至
歡喜奉行如是一切名脩多羅何等名為祇
夜經佛告比丘昔我與汝愚无智慧不能如
實知見四真諦是故流轉久處生死没大苦海
何等為四苦集滅道如佛昔日為諸比丘說
契經竟尒時復有无量衆生為聽法故後至

已即因本經以偈頌曰

我昔與汝等　不見四真諦　是故久流轉　生死大苦海

若能見四諦　則得斷生死　生有既已盡　更不受諸有

是名祇耶經何等名為受記經如有經律如

來說時為諸大人佛記莂阿逸多未來有

有王名曰蠰佉當於是世而成佛道号曰弥

勒是名受記經何等名為伽陁經除脩多羅

及諸戒具餘有說四句之偈所謂

諸惡莫作　諸善奉行　自淨其意　是諸佛教

是名伽陁經何等名為優陁那經如佛晡時

入於禪定為諸天眾廣說法要時諸比丘咨

作是念如來今者為何所作如來明旦從禪

定起无有人問以他心智即自說言比丘當

知一切諸天壽命極長汝諸比丘善哉為他

不求己利善哉少欲善哉知足善哉寂靜如

不求已利善哉少欲善哉知足善哉寂静如
是諸經无問自說是名優陁那經何等名為
尼陁那經如諸經偈所因根本為他演說如
舍衛國有一丈夫羅網捕鳥得已籠繫隨與
水漿而復還放世尊知其本末因緣而說偈
言
莫輕小罪　以為无殃　水渧雖微　漸盈大器
是名尼陁那經何等名為阿波陁那經如戒
律中所說譬喻名阿波陁那經何等名為伊
帝曰多伽經如佛所說比丘當知我出世時
所可說者名曰界經鳩留秦佛出世之時名
甘露鼓拘那含牟尼佛時名曰法鏡迦葉佛
時名分別空是名伊帝曰多伽何等名為闍
陁伽經如佛世尊本為菩薩脩諸苦行所謂
比丘當知我於過去作鹿作羆作獐作兔作
粟散王轉輪聖王龍金翅鳥諸如是等行菩

薩道時所可受身名闍陀伽何等名為毘佛
略經所謂大乘方等經典其義廣大猶如虛
空是名毘佛略何等名為未曾有經如彼菩
薩初出生時无人扶持即行七步放大光明
遍觀十方亦如獼猴手奉蜜器以獻如來如
白項狗佛邊聽法如魔波旬變為青牛行瓦
鉢間令諸瓦鉢互相棠觸无所傷損如佛初
生入天廟時令彼天像起下礼敬如是等經
名未曾有經何等名為優波提舍經如佛世
尊所說諸經若作義論分別廣說辯其相貌
是名優波提舍經菩薩若能如是了知十二部
經名為知法云何菩薩摩訶薩知義菩薩
摩訶薩若於一切文字語言廣知其義是名
知義云何菩薩摩訶薩知時善男子菩薩善
知如是時中任脩寂靜如是時中任脩精進
如是時中任脩捨定如是時中任供養佛如

如是時中任脩捨定如是時中任供養佛如
是時中任供養師如是時中任脩布施持戒
忍辱精進禪定具足般若波羅蜜是名知時
云何菩薩摩訶薩知足善男子菩薩摩訶薩
知足所謂食飲服藥行住坐卧睡寤語嘿是
名知足善男子云何菩薩摩訶薩自知是善
薩自知我有如是信如是戒如是多聞如是
捨如是慧如是去來如是正念如是善行如
是問如是答是名自知云何菩薩摩訶薩知
衆善男子是菩薩知如是等是刹利衆婆羅
門衆居士衆沙門衆應於是衆如是行來如
是坐起如是說法如是問答是名知衆善男
子云何菩薩摩訶薩知人尊卑善男子人有
二種一者信二者不信菩薩當知信者是善
其不信者不名為善復次信有二種一者常
往僧坊二者不往菩薩當知其往者善不

者不名為善具恭敬者復有二種一者祀
拜二者不祀拜菩薩當知祀拜者善不祀拜
者不名為善具祀拜者復有二種一者聽法
二者不聽菩薩當知聽法者善不聽法者不
名為善具聽法者復有二種一至心聽二不
至心菩薩當知至心聽者是則名善不至心
者不名為善至心聽法復有二種一者思義

圖書在版編目（CIP）數據

中國國家圖書館藏敦煌文獻．第七七册 / 中國國家圖書館編．—北京：國家圖書館出版社，2024.12

ISBN 978-7-5013-8028-2

Ⅰ．①中… Ⅱ．①中… Ⅲ．①敦煌學－文獻 Ⅳ．① K870.6

中國國家版本館 CIP 數據核字（2024）第 037646 號

書　　名	中國國家圖書館藏敦煌文獻・第七七册
著　　者	中國國家圖書館　編
項目統籌	魏　崇　殷夢霞
責任編輯	黄　鑫　程魯潔　潘　竹　苗文葉
責任校對	劉　倩
出版發行	國家圖書館出版社（北京市西城區文津街 7 號　100034） （原書目文獻出版社　北京圖書館出版社） 010-66114536　63802249　nlcpress@nlc.cn（郵購）
網　　址	http://www. nlcpress. com
排版印裝	天津裕同印刷有限公司
版次印次	2024 年 12 月第 1 版　2024 年 12 月第 1 次印刷
開　　本	787 × 1092　1/8
印　　張	38
書　　號	ISBN 978-7-5013-8028-2
定　　價	2800.00 圓